JOSÉ HENRIQUE MOUTA ARAÚJO
MARCO AURÉLIO VENTURA PEIXOTO

PODER PÚBLICO EM JUÍZO

coleção
SINOPSES
para **concursos**

Coordenação
Leonardo Garcia

49

2018

EDITORA *Jus*PODIVM
www.editorajuspodivm.com.br

EDITORA
*Jus*PODIVM
www.editorajuspodivm.com.br

Rua Mato Grosso, 164, Ed. Marfina, 1º Andar – Pituba, CEP: 41830-151 – Salvador – Bahia
Tel: (71) 3045.9051
• Contato: https://www.editorajuspodivm.com.br/sac

Capa: Ana Caquetti

Diagramação: Linotec Fotocomposição e Fotolito Ltda. (*www.linotec.com.br*)

ISBN: 978-85-442-2001-6

Às nossas esposas (Márcia Araújo e Renata Cortez) e filhos
(Arthur e Pedro; José Guilherme e Laura), pilares sólidos
de nossas existências.

Coleção Sinopses para Concursos

A *Coleção Sinopses para Concursos* tem por finalidade a preparação para concursos públicos de modo prático, sistematizado e objetivo.

Foram separadas as principais matérias constantes nos editais e chamados professores especializados em preparação de concursos a fim de elaborarem, de forma didática, o material necessário para a aprovação em concursos.

Diferentemente de outras sinopses/resumos, preocupamos em apresentar ao leitor o entendimento do STF e do STJ sobre os principais pontos, além de abordar temas tratados em manuais e livros mais densos. Assim, ao mesmo tempo em que o leitor encontrará um livro sistematizado e objetivo, também terá acesso a temas atuais e entendimentos jurisprudenciais.

Dentro da metodologia que entendemos ser a mais apropriada para a preparação nas provas, demos destaques (em outra cor) às palavras-chaves, de modo a facilitar não somente a visualização, mas, sobretudo, a compreensão do que é mais importante dentro de cada matéria.

Quadros sinóticos, tabelas comparativas, esquemas e gráficos são uma constante da coleção, aumentando a compreensão e a memorização do leitor.

Contemplamos também questões das principais organizadoras de concursos do país, como forma de mostrar ao leitor como o assunto foi cobrado em provas. Atualmente, essa "casadinha" é fundamental: conhecimento sistematizado da matéria e como foi a sua abordagem nos concursos.

Esperamos que goste de mais esta inovação que a Editora Juspodivm apresenta.

Nosso objetivo é sempre o mesmo: otimizar o estudo para que você consiga a aprovação desejada.

Bons estudos!

Leonardo Garcia

leonardo@leonardogarcia.com.br
www.leonardogarcia.com.br

Guia de leitura da Coleção

A Coleção foi elaborada com a metodologia que entendemos ser a mais apropriada para a preparação de concursos.

Neste contexto, a Coleção contempla:

• DOUTRINA OTIMIZADA PARA CONCURSOS

Além de cada autor abordar, de maneira sistematizada, os assuntos triviais sobre cada matéria, são contemplados temas atuais, de suma importância para uma boa preparação para as provas.

> Muitos dos conceitos do nosso Direito Administrativo foram concebidos ainda no período do **Estado Liberal.** Outra parte desse ramo jurídico foi concebida durante o **Estado Social**. A concepção democrática, hoje pretendida, exige a acomodação dos conceitos e normas tradicionais ao novo paradigma constitucional (**Estado Democrático de Direito**), impondo uma *"outra qualidade de Estado"*.
>
> Perceber essa mutação no direito administrativo é um diferencial que auxilia no estudo da matéria e no desenvolvimento do jurista, sendo importante para a compreensão de algumas questões objetivas, além de essencial para questões suscitadas em provas subjetivas e orais, pelas melhores bancas.

• ENTENDIMENTOS DO STF E STJ SOBRE OS PRINCIPAIS PONTOS

> Segundo precedente do STF, é compatível com o princípio da impessoalidade, dispositivo de constituição Estadual que vede ao Estado e aos Municípios atribuir nome de pessoa viva a avenida, praça, rua, logradouro, ponte, reservatório de água, viaduto, praça de esporte, biblioteca, hospital, maternidade, edifício público, auditórios, cidades e salas de aula (STF, ADI 307/CE, rel. Min. Eros Grau, 13.2.2008).

• PALAVRAS-CHAVES EM OUTRA COR

As palavras mais importantes (palavras-chaves) são colocadas em outra cor para que o leitor consiga visualizá-las e memorizá-las mais facilmente.

> **Cargo** é o local criado por lei dentro do serviço público que possui atribuições, nomenclatura e remuneração próprias.
>
> O cargo público, por sua vez, subdivide-se em **cargo eletivo** e em **comissão.**

• QUADROS, TABELAS COMPARATIVAS, ESQUEMAS E DESENHOS

Com esta técnica, o leitor sintetiza e memoriza mais facilmente os principais assuntos tratados no livro.

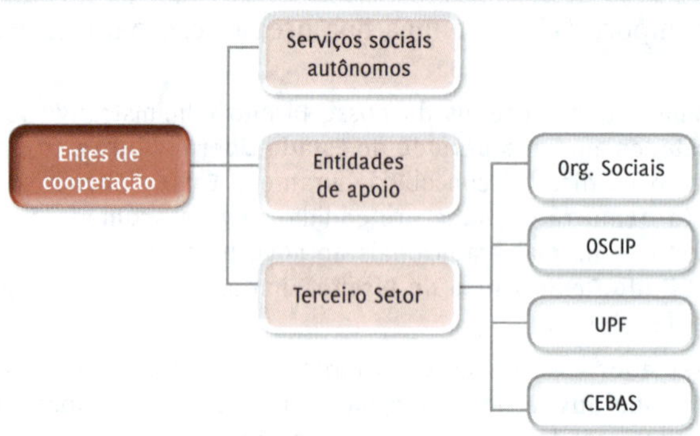

• QUESTÕES DE CONCURSOS NO DECORRER DO TEXTO

Através da seção *"Como esse assunto foi cobrado em concurso?"* é apresentado ao leitor como as principais organizadoras de concurso do país cobram o assunto nas provas.

> ▸ **Como esse assunto foi cobrado em concurso**
>
> No concurso para provimento do cargo de Procurador do Estado do Ceará 2008, foi considerada incorreta a seguinte assertiva. *Ao criar uma autarquia, a administração pública apenas transfere a ela a execução de determinado serviço público, permanecendo com a titularidade desse serviço.*

Sumário

Capítulo 1

Conceito de Fazenda Pública

Utiliza-se a expressão **Fazenda Pública** para designar as pessoas jurídicas de direito público que litigam em juízo. O estudo da atuação da Fazenda Pública nos processos judiciais é tão relevante que se chega a afirmar que existe um Direito Processual da Fazenda Pública, ou Direito Processual Público.

Pode-se, para tanto, indicar que a Fazenda Pública compreende: a) os entes da Administração Pública direta, quais seja, **União, Estados, Distrito Federal e Municípios**; b) **as autarquias e as fundações de direito público**, que compõem a Administração Pública Indireta.

Não é possível, por outro lado, afirmar que todos os entes que integram a Administração Pública indireta inserem-se no conceito de Fazenda Pública. Isto porque, no que concerne às **empresas públicas** e às **sociedades de economia mista**, embora também façam parte do conceito de Administração Pública indireta, como regra, por explorarem atividade econômica de produção ou comercialização de bens ou de prestação de serviços, estão sujeitas ao **regime próprio das empresas privadas**, nos termos do art. 173, § 1º, II da Constituição Federal, razão pela qual, quando devedoras, são executadas conforme as regras comuns previstas no CPC.

Relativamente às **empresas públicas**, se forem instituídas para fins de prestação de serviços públicos de competência dos entes da Administração Pública direta, haverá submissão ao regime executivo especial, porque ditas entidades, nesse caso, são equiparadas à Fazenda Pública, sendo essa, inclusive, a orientação do Superior Tribunal de Justiça (Ag no AgRg no AREsp 234.159/RJ, Rel. Ministro Castro Meira, Segunda Turma, julgado em 07/05/2013, DJe 16/05/2013) sobre a matéria.

Quanto às **sociedades de economia mista**, o posicionamento do Superior Tribunal de Justiça é mais restrito (RESP 521.047,

Rel. Ministro Luiz Fux, Primeira Turma, julgado em 20/11/2003, DJ 16/2/2004): ainda que tais pessoas jurídicas prestem serviço público, submetem-se ao regime das execuções contra os devedores em geral, incidindo, entrementes, a impenhorabilidade no que concerne aos bens que estejam diretamente ligados à consecução dos serviços de natureza pública.

No Supremo Tribunal Federal, em princípio, considera-se que as prerrogativas da Fazenda Pública não se estendem às empresas públicas e às sociedades de economia mista (ARE 700429 AgR, Relator(a): Min. Dias Toffoli, Primeira Turma, julgado em 21/10/2014, acórdão eletrônico DJe-224, public. 14-11-2014), a não ser que comprovem não exercer atividade econômica, mas sim serviço público próprio do Estado. É o caso da **Empresa Brasileira de Correios e Telégrafos** que, segundo o STF, é prestadora de serviço público de prestação obrigatória e exclusiva do Estado, razão pela qual **possui todas as prerrogativas processuais** estabelecidas em prol das pessoas jurídicas de direito público, inclusive a impenhorabilidade de seus bens, rendas e serviços.

As **agências executivas e reguladoras**, por terem natureza jurídica de autarquias especiais, são consideradas pessoas jurídicas de direito público, **integrando**, portanto, o **conceito de Fazenda Pública**. Da mesma forma, os **consórcios públicos** que sejam constituídos sob a forma de associações públicas.

Os conselhos de fiscalização de atividade profissional, segundo o Supremo Tribunal Federal (RE 683010 AgR, Relator(a): Min. Roberto Barroso, Primeira Turma, julgado em 12/08/2014, Processo Eletrônico DJE-165, public. 27-08-2014), têm natureza jurídica autárquica, sendo, portanto, considerados pessoas jurídicas de direito público. Por isso, algumas prerrogativas processuais têm sido estendidas aos referidos conselhos pela jurisprudência do STJ, como a intimação pessoal na execução fiscal e os prazos especiais previstos no art. 183 do CPC/2015, por exemplo. Assim, sendo os **conselhos de fiscalização profissional considerados autarquias** e, por consequência, pessoas jurídicas de direito público, devem ser **compreendidos na definição de Fazenda Pública**, submetendo-se, portanto, ao regime especial executivo previsto na Constituição e no CPC.

Recapitulando, portanto, a expressão Fazenda Pública abrange: a) os entes da Administração Pública direta (União, Estados, Distrito Federal e Municípios); b) as autarquias e fundações públicas, exceto, quanto às primeiras, se exercerem atividade privada (econômica); c) as empresas públicas e as sociedades de economia mista, se desempenharem serviço público próprio do Estado; d) as agências reguladoras; e) os consórcios criados sob a forma de associações públicas; f) e os conselhos de fiscalização profissional.

> **▸ Importante**
>
> **Fazenda Pública:**
>
> a) Administração Direta (União, Estados, DF, Municípios);
>
> b) Autarquias (incluindo agências reguladoras e conselhos de fiscalização profissional) e fundações;
>
> c) Empresas públicas e sociedades de economia mista, se desempenharem serviço público próprio do Estado;
>
> d) Consórcios públicos constituídos sob a forma de associações públicas.

Capítulo 2

A positivação da advocacia pública na Constituição Federal e no Código de Processo Civil

No plano federal, a **advocacia pública é prevista no art. 131 da Constituição**, que prevê a **Advocacia-Geral da União** como a instituição que, diretamente ou através de órgão vinculado, representa a União, judicial e extrajudicialmente, cabendo-lhe, nos termos da lei complementar que dispuser sobre sua organização e funcionamento, as atividades de consultoria e assessoramento jurídico do Poder Executivo. A lei complementar em questão é a Lei Complementar n. 73/1993.

Na seara estadual, o **art. 132 da Constituição** indica que os **Procuradores dos Estados e do Distrito Federal**, organizados em carreira, na qual o ingresso dependerá de concurso público de provas e títulos, com a participação da Ordem dos Advogados do Brasil em todas as suas fases, exercerão a representação judicial e a consultoria jurídica das respectivas unidades federadas.

Não existe, apesar de haver proposta de emenda constitucional em trâmite no Congresso Nacional, **obrigatoriedade no texto constitucional para a existência no âmbito dos Municípios de procuradorias próprias**, com carreira específica de procurador. De fato, há alguns municípios – notadamente as capitais e os municípios mais populosos – que possuem quadro de procuradores concursados, mas ainda representam uma minoria, de sorte que a defesa judicial da maior parte dos municípios brasileiros se faz por ocupantes de cargos em comissão, de livre nomeação e exoneração, ou por escritórios de advocacia terceirizados, contratados mediante procedimento de inexigibilidade de licitação.

Carente de tratamento no CPC/1973, **a Advocacia Pública ganhou capítulo próprio no CPC/2015**, com o disciplinamento constante dos **arts. 182 a 184**, e a atribuição da defesa e da promoção dos interesses públicos da União, dos Estados, do Distrito Federal e dos Municípios, por meio da representação judicial, em todos os âmbitos federativos, das pessoas jurídicas de direito público que integram a administração direta e indireta.

A Advocacia-Geral da União, a quem incumbe a representação da União, das suas autarquias e fundações públicas, apresenta três carreiras, quais sejam, os **advogados da União**, os **procuradores da Fazenda Nacional** e os **procuradores federais**.

Os advogados da União representam a União enquanto pessoa jurídica de direito público, isto é, os órgãos componentes da Administração direta, a não ser que a questão seja de natureza fiscal, quando a responsabilidade passa aos procuradores da Fazenda Nacional. Já os procuradores federais, que integram a Procuradoria-Geral Federal, órgão vinculado à AGU, são os responsáveis pela defesa das autarquias e fundações, que são entes componentes da Administração indireta.

Quanto aos Estados e Municípios, cada ente deve criar e estruturar suas respectivas procuradorias estaduais ou municipais, não havendo, como regra, a divisão existente em carreiras e atribuições que existe na seara federal.

▸ Importante

Advocacia Pública na CF/88:

- Arts. 131 (AGU) e 132 (Procuradorias dos Estados e do DF)
- Não há previsão quanto às procuradorias municipais

Advocacia Pública no CPC/2015:

- Arts. 182 a 184

Capítulo 3

Razões justificadoras das prerrogativas processuais atribuídas à Fazenda Pública

A missão institucional da Advocacia Pública não se esgota na atividade de **representação processual** dos entes públicos, já que também integra sua atribuição a atividade de **consultoria e assessoramento jurídico** do Poder Executivo. No entanto, para o Processo Civil a atividade de representação judicial é a que tem primazia, razão pela qual quando se fala em prerrogativas inerentes às pessoas jurídicas de direito público, em regra são elas típicas da sua atuação em juízo.

As prerrogativas processuais para a Fazenda Pública sempre despertaram críticas, por vezes muito ácidas, sobre uma **suposta quebra de isonomia na relação processual**, de modo a que se poderia compreender tais previsões como verdadeiros privilégios e não propriamente como prerrogativas.

Privilégio significa direito especial concedido a alguém, sendo uma vantagem indevida em desfavorecimento dos outros. Prerrogativa representa um direito especial concedido a alguém devido ao cargo, posição que ocupa.

As **prerrogativas** estabelecidas à Fazenda **não devem ser compreendidas como privilégio**, portanto. A **isonomia** pode e deve ser respeitada, e é exatamente o que se faz quando se estabelece, por exemplo, prazo diferenciado para a advocacia pública.

Se há desigualdade entre os polos de uma relação processual, desigualmente devem ser tratados pelo legislador, razão pela qual é plenamente justificado que exista, no texto constitucional, no novo CPC ou em outras leis esparsas, um regime diferenciado para a atuação da Fazenda Pública em juízo.

É cediço que cabe à Fazenda Pública velar pelo interesse público, e este, além de indisponível, deve ser colocado em posição de supremacia em relação aos interesses privados.

Nessa linha de raciocínio, **não há inconstitucionalidade ou ilicitude** no estabelecimento de prerrogativas aos seus entes quando da atuação junto ao Poder Judiciário, desde que se evidenciem necessárias à adequada atuação de seus representantes judiciais, que as regras correspondentes sejam fixadas de acordo com a razoabilidade e que o tratamento diferenciado encontre respaldo na necessidade de preservação do interesse público primário, qual seja, o da coletividade. A dificuldade na coleta de elementos fáticos para a defesa, aliada à sobrecarga de trabalho a que são acometidos, em regra, os advogados públicos, justificam plenamente o tratamento especial conferido pelo legislador.

▸ Importante

Prerrogativas X Privilégios

- Prerrogativa: direito especial concedido a alguém
- Respeito à isonomia processual
- Não há inconstitucionalidade ou ilicitude nas prerrogativas estabelecidas à Fazenda Pública.

Capítulo 4

Prazos diferenciados

O CPC/2015 continuou a prever **prazos específicos e mais extensos** para a Fazenda Pública, assim como para o Ministério Público e para a Defensoria Pública. O art. 183 determina que a Fazenda Pública gozará de prazo em **dobro para todas as suas manifestações processuais**, norma também aplicável ao Ministério Público e à Defensoria Pública (arts. 180 e 186).

A rigor, não se cuida de uma prerrogativa do advogado público em si, apesar de prevista no capítulo destinado à Advocacia Pública, mas sim dos entes que ele representa, de modo que, em havendo um advogado privado contratado para representar judicialmente um ente da Fazenda Pública, também incidirá o prazo em dobro.

Mister destacar, ainda, que as sociedades de economia mista e as empresas públicas não se beneficiam dos favores do art. 183, porque seu regime jurídico é de direito privado, integrando apenas a administração indireta, segundo a sistemática do Decreto-lei n.º 200/67.

Apesar de ter havido uma diminuição do benefício no que tange à contestação, que deixou de ser em quádruplo e passou a ser em dobro, houve o ganho de as pessoas jurídicas de direito público passarem a dispor do prazo contado em dobro para todas as manifestações processuais, como por exemplo no oferecimento de réplica à contestação ou de contrarrazões a um recurso. Fora isso, como o art. 219 previu a **contagem dos prazos em dias úteis**, dita regra acabou por também beneficiar toda a advocacia – pública ou privada.

Não há contagem em dobro se houver prazo próprio para o ente público estabelecido pela lei, a exemplo dos arts. 535 e 910 do CPC/2015, que estabelece o prazo de trinta dias para a Fazenda impugnar a execução. No Código de Processo Civil, são exemplos os arts. 535, que prevê o prazo de 30 dias para a Fazenda Pública impugnar o cumprimento de sentença, e o art. 910, que prevê igual prazo para que a Fazenda Pública ofereça embargos à execução. Nesses casos, são prazos previstos em lei, de modo expresso, para a pessoa jurídica de direito público, razão pela qual não se haverá de aplicar o *caput* do artigo 183, mas o seu § 2º, isto é, o prazo é contado de forma simples.

Fora do Código de Processo Civil, é de se indicar a **não incidência do prazo em dobro no âmbito dos Juizados Especiais Federais** (para as demandas contra a União, as autarquias e as fundações públicas federais) e dos **Juizados Especiais da Fazenda Pública** (para os Estados, Municípios, autarquias e fundações públicas estaduais ou municipais), em decorrência de expressas previsões, tanto na Lei n.º 10.259/2001 (art. 9º), como na Lei n.º 12.153/2009 (art. 7º), no sentido de que a Fazenda não disporá de prazos diferenciados nos processos que estejam em curso em tais juizados.

Questão das mais intrigantes, decorrentes das previsões constantes do art. 183 do CPC/2015, reside na **contagem em dobro ou não dos prazos para a Fazenda Pública que não estiverem previstos em lei,** isto é, que vierem a ser fixados pelo juiz. Pensamos que é necessário se fazer uma distinção, nesse caso dos prazos fixados pelo juiz, no que toca ao prazo particular e ao prazo comum.

Sendo o prazo particular, isto é, havendo o juiz intimado o ente público para o cumprimento/prática de algum ato processual, é de se imaginar que o juiz, com efeito, levou em consideração que estava a fixar um prazo específico para a Fazenda Pública, de modo que, neste caso, incide a exceção prevista no art. 183, § 2º, **não se dobrando o prazo**. Assim, o juiz, ao determinar o prazo, já terá refletido sobre a presença da pessoa jurídica de direito público num dos polos da relação jurídica e observado as peculiaridades que justificam um prazo mais dilatado para aquela parte. De outra sorte, imaginando um prazo que, apesar de judicial - isto é, não previsto em lei -, foi aberto em comum para ambas as partes, e sendo a pessoa jurídica de direito público uma dessas partes, pensamos que a exceção do § 2º do art. 183 não haverá de ser aplicada, de modo a que, aplicando-se a regra do *caput*, o prazo será sim contado em dobro.

Entendemos que a interpretação aqui defendida se aplica inclusive ao prazo subsidiário estabelecido pelo art. 218, § 3º, do CPC. Tal dispositivo indica que, quando não existir preceito legal ou prazo determinado pelo juiz, será de 5 (cinco) dias o prazo para a prática de ato processual a cargo da parte. Assim, a nosso ver, se ocorrer de o juiz determinar às partes em comum a prática de um ato processual e não fixar prazo, não sendo previsto também em lei o prazo, o particular disporá de 5 (cinco) dias e a Fazenda Pública de 10 (dez) dias para fazê-lo. De outra banda, caso seja a situação de o prazo ser apenas para a Fazenda Pública praticar determinado ato, não houver previsão legal e o juiz não houver fixado expressamente, o prazo de 5 (cinco) dias do art. 218, § 3º não deverá ser dobrado, visto que é de se supor que o magistrado tomou em conta que a Fazenda não precisaria de prazo mais dilatado para cumprir com seu encargo processual.

O Enunciado n.º 53 do Fórum Nacional do Poder Público consagrou o entendimento acima esposado, ao concluir que os **prazos comuns fixados pelo juiz devem ser contados em dobro para a Fazenda Pública**.

▸ **Importante**

Prazos para a Fazenda Pública

- Prazo dobrado para as manifestações processuais
- Não há prazo em dobro se houver prazo próprio para o ente público estabelecido pela lei
- Não há prazo em dobro nos juizados especiais

▸ **Como esse assunto foi cobrado em concurso?**

Procurador de Fortaleza (2017) – CESPE

No que tange à fazenda pública em juízo, julgue o item subsecutivo.

O benefício do prazo em dobro aplica-se à defesa do ente público em sede de ação popular porque as regras referentes à contagem de prazo do CPC se aplicam também aos procedimentos previstos na legislação extravagante.

Gabarito: Falso

Procurador do Estado do Mato Grosso (2016) - FCC

Em 20/06/2016 (segunda-feira), foi enviada à Procuradoria do Estado do Mato Grosso, por meio de portal próprio, intimação eletrônica de sentença de mérito contrária à Fazenda Pública. Diante desta situação hipotética, considerando o prazo para o recurso cabível e as prerrogativas da Fazenda Pública, o prazo recursal é de

a) quinze dias úteis e terá início apenas depois de dez dias, contados a partir do envio da intimação ao portal, caso o Procurador não tenha consultado o teor da intimação antes deste prazo.

b) quinze dias úteis e somente terá início com a intimação pessoal da Fazenda Pública, por meio de oficial de justiça, uma vez que tal prerrogativa é assegurada pela lei.

c) quinze dias úteis e somente terá início quando o Procurador do Estado consultar o teor da intimação eletrônica, independentemente de qualquer outro prazo.

d) trinta dias úteis e terá início apenas depois de dez dias, contados a partir do envio da intimação ao portal, caso o Procurador não tenha consultado o teor da intimação antes deste prazo.

e) trinta dias úteis e somente terá início depois de vinte dias, contados a partir do envio da intimação ao portal, caso o Procurador não tenha consultado o teor da intimação antes deste prazo.

Gabarito: D

Capítulo 5

Intimação Pessoal

De acordo com a previsão do art. 269, § 3°, do CPC/2015, a **intimação** da União, dos Estados, do Distrito Federal e dos Municípios, além das suas autarquias e fundações públicas, **é pessoal**, isto é, deve ser feita perante o órgão da Advocacia Pública responsável pela sua representação em juízo.

Sendo pessoal a intimação, far-se-á por **carga, remessa ou meio eletrônico**. Isso quer dizer que não se afigura possível a intimação da advocacia pública por meio do Diário Oficial, por edital ou por via postal.

A **prioridade** é que as intimações se deem pelo **meio eletrônico**. Na atualidade, sendo as pessoas jurídicas de direito público já cadastradas nos sistemas de tramitação virtual de processos, a praxe tem sido, de fato, que as intimações sejam inseridas em tais sistemas.

Há ainda que se destacar que, na hipótese de serem os autos de um processo físico retirados pela advocacia pública gera a automática intimação das eventuais decisões contidas no processo em questão, mesmo que não tenham ainda sido elas publicadas.

Ademais, o fato de ser a Fazenda Pública intimada da decisão não supre a necessidade de publicização também no Diário da Justiça Eletrônico, que deverá ser realizada a fim de garantir a publicidade imposta pela Constituição e pelo CPC. O que não pode ocorrer é o oposto, isto é, **não pode haver apenas a publicação no Diário Oficial**, visto que tal não é meio de comunicação dirigida à advocacia pública.

O CPC/2015 trouxe uma novidade no tocante às intimações, contida no **art. 269, § 1°** que é a possibilidade de o advogado realizar a intimação do advogado da parte adversa, por via postal, anexando aos autos após cópia da intimação e do aviso de recebimento. Nessa situação, o advogado público até pode se valer de tal dispositivo para promover a intimação do advogado da parte adversa, mas, por outro lado, **não poderá o advogado da parte adversa realizar desse modo a intimação da Fazenda Pública**, porque violaria a prerrogativa da intimação pessoal prescrita no § 3º do mesmo artigo.

▸ **Importante**

Intimação para a Fazenda Pública

- Intimação pessoal
- Remessa, carga ou meio eletrônico
- Diário da Justiça não supre a intimação por meio eletrônico

▸ **Como esse assunto foi cobrado em concurso?**

Procurador do Estado do Mato Grosso (2016) - FCC

Em 20/06/2016 (segunda-feira), foi enviada à Procuradoria do Estado do Mato Grosso, por meio de portal próprio, intimação eletrônica de sentença de mérito contrária à Fazenda Pública. Diante desta situação hipotética, considerando o prazo para o recurso cabível e as prerrogativas da Fazenda Pública, o prazo recursal é de

a) quinze dias úteis e terá início apenas depois de dez dias, contados a partir do envio da intimação ao portal, caso o Procurador não tenha consultado o teor da intimação antes deste prazo.

b) quinze dias úteis e somente terá início com a intimação pessoal da Fazenda Pública, por meio de oficial de justiça, uma vez que tal prerrogativa é assegurada pela lei.

c) quinze dias úteis e somente terá início quando o Procurador do Estado consultar o teor da intimação eletrônica, independentemente de qualquer outro prazo.

d) trinta dias úteis e terá início apenas depois de dez dias, contados a partir do envio da intimação ao portal, caso o Procurador não tenha consultado o teor da intimação antes deste prazo.

e) trinta dias úteis e somente terá início depois de vinte dias, contados a partir do envio da intimação ao portal, caso o Procurador não tenha consultado o teor da intimação antes deste prazo.

Gabarito: D

Procurador da Câmara de Vereadores de Guaíba/RS (2017) - Legalle Concursos

Com relação aos prazos processuais definidos pelo Código de Processo Civil para a Fazenda Pública manifestar-se judicialmente, analise as afirmativas e assinale V para a(s) verdadeira(s) ou F para a(s) falsa(s).

( ) O Ministério Público gozará de prazo em quádruplo para manifestar-se nos autos, que terá início a partir de sua intimação pessoal.

( ) Não se aplica o benefício da contagem em dobro quando a lei estabelecer, de forma expressa, prazo próprio para o ente público.

( ) A intimação pessoal do membro da Advocacia Pública far-se-á por carga, remessa ou meio eletrônico.

Qual é a sequência correta?

a) F; F; F.

b) F; F; V.

c) F; V; V.

d) V; V; F.

e) V; V; V.

Gabarito: C

Capítulo 6

Fazenda Pública enquanto sujeito do processo

A análise da fazenda pública como sujeito do processo passa, necessariamente, por **três situações distintas**: **como autora e ré**, discutindo direito próprio ou em substituição processual (como no ajuizamento de ação civil pública) e na qualidade de **terceiro interveniente**.

A **representação processual da fazenda pública** está prevista no art. 75, do CPC/15. Normalmente chama-se a atenção, para fins de prova de concurso, que a União e os Estados são representados pelos seus órgãos de advocacia (procuradorias e advocacia geral da União), ao passo que os Municípios podem ser representados pelos seus procuradores ou pelo Chefe do Executivo. De outro prisma, as autarquias e fundações de direito público são representados por quem a respectiva norma jurídica designar.

No que respeita à **citação, a regra está no art. 242, § 3º, do CPC** e, ocorrendo a falta de apresentação de defesa, é razoável afirmar a **inexistência dos efeitos materiais da revelia** (art. 345, II, do CPC). O entendimento do STJ, a propósito, é no sentido de que não se aplica à Fazenda Pública o efeito material da revelia, nem é admissível, quanto aos fatos que lhe dizem respeito, a confissão, pois os bens e direitos são considerados indisponíveis (AgInt no REsp 1358556/SP, Relatora Ministra Regina Helena Costa, Primeira Turma, DJe 18/11/2016; AgRg no REsp 117.0170/RJ, Rel. Ministro Og Fernandes, Sexta Turma, DJe 9/10/2013 e AgRg nos EDcl no REsp 1.288).

Por fim, **não se pode confundir a representação processual** da pessoa jurídica de direito público **com a capacidade judiciária** que está presente, por exemplo, no mandado de segurança. Nesta demanda, a autoridade coatora é intimada e atua pessoalmente com a apresentação da peça de informações, enquanto a pessoa jurídica será citada para a necessária intervenção como parte (art. 7º, da Lei 12.016/09). Da mesma forma, aquele que possui personalidade judiciária, *v.g.*, Câmara dos Vereadores, pode impetrar o *writ* constitucional (STJ - RMS 12.068/MG - Rel. Min. Francisco Peçanha Martins, Segunda Turma, DJ de 11.11.02).

▸ Importante

Fazenda Pública enquanto sujeito do processo

- Fazenda pode atuar como autor, ré ou terceiro interveniente
- Inexistência dos efeitos materiais da revelia
- Representação processual # capacidade judiciária

▸ Como esse assunto foi cobrado em concurso?

Prefeitura de Araguari - MG Prova: Procurador Municipal (2016)

Considerando as afirmativas abaixo sobre a representação ativa e passiva em juízo, que podem ser verdadeiras ou falsas, assinale a alternativa que corresponde à sequência correta das afirmações.

Serão representados em juízo, ativa e passivamente:

I- A União, pela Advocacia-Geral da União, diretamente ou mediante órgão vinculado;

II- O Estado e o Distrito Federal, por seus procuradores;

III- O município, por seu prefeito, procurador ou advogados;

IV - A autarquia e a fundação de direito público, por quem a lei federal designar;

a) I (verdadeira); II (verdadeira); III (verdadeira); IV (falsa);
b) I (verdadeira); II (verdadeira); III (falsa); IV (falsa);
c) I (falsa); II (verdadeira); III (falsa); IV (verdadeira);
d) I (verdadeira); II (falsa); III (falsa); IV (falsa).

Procurador do IPSMI (2016) - Vunesp

João ingressou com ação contra a Fazenda Pública de Itaquaquecetuba, requerendo indenização por danos morais com requerimento de concessão de tutela antecipada. Diante desse quadro, é correto afirmar que:

a) o prazo para a ré contestar deverá ser contado em dobro e caso venha a sucumbir nos autos, terá prazo quadruplicado para recorrer.

b) o pedido de antecipação de tutela formulado por João é inepto, pois pelo princípio da reserva do possível não se admite concessão de liminares contra a Fazenda Pública.

c) gozando a Fazenda Pública de gratuidade processual presumida, caso saia vitoriosa na ação movida por João, este não poderá ser condenado ao pagamento de custas e honorários advocatícios.

d) caso a ação promovida por João seja julgada totalmente procedente, ainda que a Fazenda Pública não recorra, para que a sentença em regra possa produzir efeitos, necessário se fará a confirmação da decisão pelo Tribunal.

e) a citação da Fazenda Pública no presente caso deverá ser realizada primeiramente pelo correio. Caso se veja frustrada a citação, João poderá requerer que a citação seja feita por Oficial de Justiça.

Gabarito: D

Contra a FP não se operam os efeitos da revelia.

Capítulo 7

Prescrição nas demandas propostas contra os entes públicos

Como **regra geral**, o prazo de prescrição para o ajuizamento das ações contra a fazenda pública é tratada pelo **Decreto 20.910/32**, ou seja, **cinco anos**. Alguns regramentos, constantes no próprio Decreto, em Súmulas e em decisões judiciais, merecem ser apresentados para a interpretação global do tema, a saber:

- A **interrupção da prescrição** das demandas contra a fazenda pública ocorre apenas uma vez e, uma vez reiniciada, o prazo conta pela metade, da data do ato que a interrompeu ou do último ato ou termo do processo (arts. 8º e 9º, do Decreto 20.910/32);
- **Prescreve a execução** no mesmo prazo de prescrição da ação (Súmula 150 do STF);
- A prescrição em favor da fazenda pública recomeça a correr, por dois anos e meio, a partir do ato interruptivo, mas não fica reduzida aquém de cinco anos, embora o titular do direito a interrompa durante a primeira metade do prazo (Súmula 383 do STF);
- Nas **relações jurídicas de trato sucessivo** em que a fazenda pública figure como devedora, quando não tiver sido negado o próprio direito reclamado, a prescrição atinge apenas as prestações vencidas antes do quinquênio anterior a propositura da ação (Súmula 85, do STJ);
- É de **cinco anos o prazo para o TCU**, por meio de tomada de contas especial (Lei n. 8.443/1992), exigir do ex-gestor público

municipal a comprovação da regular aplicação de verbas federais repassadas ao respectivo Município (REsp 1.480.350-RS, Rel. Min. Benedito Gonçalves, julgado em 5/4/2016, DJe 12/4/2016).

- A prescrição contra a Fazenda Pública, mesmo em ações indenizatórias, rege-se pelo **Decreto 20.910/1932**, que disciplina que o direito à reparação econômica prescreve em cinco anos da data da lesão ao patrimônio material ou imaterial. (REsp1.197.876/RR, Rel. Ministro Herman Benjamin, Segunda Turma, DJe 02/3/2011; AgRg no Ag 1.349.907/MS, Rel. Arnaldo Esteves Lima, Primeira Turma, DJe 23/2/2011)
- É quinquenal o prazo prescricional para a propositura de **ação indenizatória ajuizada por vítima de acidente de trânsito** contra concessionária de serviço público de transporte coletivo (REsp 1.277.724-PR, Rel. Min. João Otávio de Noronha, julgado em 26/5/2015, DJe 10/6/2015);
- Nas demandas ajuizadas pelo **INSS contra o empregador do segurado falecido em acidente laboral**, visando ao ressarcimento dos valores decorrentes do pagamento da pensão por morte, o termo a quo da prescrição quinquenal é a data da concessão do referido benefício previdenciário (REsp 1.457.646-PR, Rel. Min. Sérgio Kukina, julgado em 14/10/2014).
- Nos casos em que o servidor público busque a **revisão do ato de aposentadoria**, ocorre a prescrição do próprio fundo de direito após o transcurso de mais de cinco anos - e não de dez anos - entre o ato de concessão e o ajuizamento da ação (AgRg no AREsp 86.525-RS, Primeira Turma, DJe 16/5/2014; e AgRg no REsp 1.242.708-RS, Segunda Turma, DJe 14/4/2014. Pet 9.156-RJ, Rel. Min. Arnaldo Esteves Lima, julgado em 28/5/2014).

▸ **Importante**

Prescrição

- Regra geral: 5 anos (decreto 20.910/32).
- Interrompida a prescrição, o prazo conta pela metade, da data do ato que a interrompeu ou do último ato do processo (arts.8º e 9º

do Decreto 20/910/32), mas não fica reduzida aquém de cinco anos, embora o titular do direito a interrompa durante a primeira metade do prazo (Súmula 383, do STF).

▸ **Como esse assunto foi cobrado em concurso?**

Ano: 2012 – Banca: VUNESP – Órgão: SPTrans – Prova: Advogado Pleno

A prescrição contra a Fazenda Pública é regida

a) pelo Código Civil, respeitando o máximo de 10 (dez) anos.

b) por legislação especial, sendo o prazo, em regra, de 5 (cinco) anos.

c) pelo Código Civil, respeitando o máximo de 5 (cinco) anos.

d) por legislação especial, sendo o prazo, em regra, de 3 (três) anos.

e) pelo Código Civil, sendo o prazo, em regra, de 5 (cinco) anos.

Gabarito: D

Ano: 2014 – Banca: CONTEMAX – Órgão: COREN-PB – Prova: Advogado

Assinale a alternativa incorreta sobre prescrição contra a Fazenda Pública:

a) com a entrada em vigor do Código Civil, em e 11 de janeiro de 2003, em relação às pretensões de reparação de danos contra a Fazenda Pública, o prazo prescricional foi reduzido de 5 (cinco) para 3 (três) anos.

b) a prescrição contra a Fazenda Pública, nas ações que busquem reparação econômica decorrente de lesão ao patrimônio imaterial prescreve em cinco anos.

c) Nas obrigações de trato sucessivo a prescrição atinge as prestações à medida que estas, individualmente, forem completando seus respectivos prazos prescricionais.

d) A prescrição em favor da Fazenda Pública recomeça a correr, por dois anos e meio, a partir do ato interruptivo, mas não fica reduzida aquém de cinco anos, embora o titular do direito a interrompa durante a primeira metade do prazo

e) prescreve a execução no mesmo prazo de prescrição do direito de ação.

Gabarito: A

Capítulo 8

Honorários sucumbenciais nas demandas envolvendo o Poder Público

Na vigência do CPC/73, eram inúmeras as críticas à previsão do art. 20, § 4°, que indicava que, quando vencida a Fazenda Pública, os honorários seriam fixados consoante apreciação equitativa do juiz. O grau de subjetivismo fazia com que distorções fossem verificadas, ora com condenações demasiadamente elevadas, ora como outras tantas em valores ínfimos.

O CPC/2015 estabeleceu, no **art. 85, § 3°**, sistemática diferente, parametrizada e mais objetiva, para aquelas situações em que a Fazenda for parte, com faixas percentuais baseadas no valor da condenação ou do proveito econômico obtido.

Assim, nas **causas em que a Fazenda Pública for parte**, os honorários advocatícios serão fixados conforme o mínimo de 10% e o máximo de 20% para as causas em que o valor da condenação ou o proveito obtido for de até duzentos salários mínimos; mínimo de 8% e máximo de 10% para as causas em que o valor da condenação ou o proveito obtido for acima de duzentos até dois mil salários mínimos; mínimo de 5% e máximo de 8% para as causas em que o valor da condenação ou o proveito obtido for de dois mil até vinte mil salários mínimos; mínimo de 3% e máximo de 5% para as causas em que o valor da condenação ou o proveito obtido for de vinte mil até cem mil salários mínimos; e mínimo de 1% e máximo de 3% para as causas em que o valor da condenação ou o proveito obtido for acima cem mil salários mínimos.

Por vezes, a condenação não se dará em faixa única, porque o § 5° do mesmo artigo estatui que, quando, conforme o caso, a condenação contra a Fazenda Pública ou o benefício econômico obtido pelo vencedor ou o valor da causa for superior ao valor previsto no inciso I do § 3°, a fixação deve observar a faixa inicial e, no que exceder, a faixa subsequente, e assim sucessivamente.

Ditas previsões são aplicáveis tanto em caso de extinção do processo sem resolução, como nos casos de extinção com resolução do mérito.

Corrigindo omissão do CPC de 1973, o CPC/2015 reconheceu expressamente que os **honorários também são direito dos advogados públicos nas causas em que a Fazenda Pública sagrar-se vencedora**, nos termos da lei (**art. 85, § 19**). Na forma estabelecida no diploma anterior, tal previsão dependeria de leis próprias de cada ente.

▸ Importante

Honorários

Art. 85, § 3°, CPC: parâmetros para a condenação em honorários não apenas quando a Fazenda Pública for perdedora, mas também quando for vencedora.

Art. 85, § 19, CPC: honorários também são devidos aos advogados públicos.

▸ Como esse assunto foi cobrado em concurso?

Procurador de Fortaleza (2017) - Cespe

No que tange à fazenda pública em juízo, julgue o item subsecutivo.

Mesmo já tendo havido condenação em honorários na fase de conhecimento, o juiz deve fixar nova verba honorária em cumprimento de sentença que tenha sido objeto de impugnação pela fazenda pública.

Gabarito: Verdadeiro

Analista Judiciário - TRT/11 (2017) - FCC

A respeito dos honorários advocatícios, é correto afirmar que

a) os honorários advocatícios não podem exceder 5% do valor da condenação, nas causas em que a Fazenda Pública for parte.

b) os honorários fixados na sentença não podem ser cumulados com os honorários arbitrados na fase recursal.

c) não são devidos honorários no cumprimento de sentença contra a Fazenda Pública que enseje a expedição de precatório, desde que não tenha sido impugnada.

d) não são devidos honorários advocatícios no cumprimento provisório de sentença.

e) não são devidos honorários advocatícios nos casos de perda de objeto.

Gabarito: C

Capítulo 9

Intervenção anômala da Lei n.º 9.469/97

O **art. 5°, parágrafo único, da Lei n. 9.469/97** prevê que as pessoas jurídicas de direito público podem, nas causas cuja decisão possa ter reflexos, ainda que indiretos, de natureza econômica, **intervir, independentemente da demonstração de interesse jurídico**, para **esclarecer questões de fato e de direito**, podendo juntar documentos e memoriais reputados úteis ao exame da matéria e, se for o caso, recorrer, hipótese em que, para fins de deslocamento de competência, serão considerados partes.

Tal intervenção tem cabimento no processo de conhecimento, bem como nos procedimentos especiais. **Não se admite em juizados especiais**, face à vedação da intervenção de terceiros. **O STJ não admite dita intervenção no mandado de segurança**, conforme já restou decidido no AgRg no MS 15484/DF, Relator Min. Mauro Campbell Marques, julg. 12.12.2012, DJe 01.02.2013.

Para tanto, a Fazenda deve peticionar em juízo, apresentando documentos e provas úteis para o deslinde da questão. Haverá a intimação das partes, que podem impugnar a existência de interesse econômico.

Atuando anomalamente, o ente público tem **poderes apenas para esclarecer questões jurídicas ou fáticas** que sejam objeto de controvérsia nos autos. Não oferece, por assim dizer, contestação ou outro tipo de resposta, não possuindo os deveres e faculdades que as partes possuem.

O Enunciado n. 55 do Fórum Nacional do Poder Público compreende como **cabível a sustentação oral** pelas pessoas jurídicas de direito público quando intervierem na forma do art. 5º, parágrafo único, da Lei nº 9.469/97.

Apesar de não se tornar parte, **há a possibilidade de a Fazenda Pública recorrer** quando intervier de modo anômalo, conforme prevê o referido parágrafo único, adquirindo, aí sim, os poderes, faculdades e deveres de uma parte recorrente.

Sendo mero interveniente, o ente público **não gera o eventual deslocamento de competência**. Por outro lado, na hipótese de recorrer, como se torna parte, a competência deve ser transferida. Assim, se estivermos diante da intervenção anômala da União, caso recorra, há o deslocamento da ação para a Justiça Federal.

> **▸ Importante**
>
> **Intervenção anômala**
>
> - Art. 5°, parágrafo único, Lei n. 9.469/97: intervenção para esclarecimento de questões de fato e de direito.
> - Não se admite em juizados especiais e nem em mandado de segurança.
> - Cabível sustentação oral.
> - Não geral deslocamento de competência.
> - Legitimidade recursal para a Fazenda Pública.

Capítulo 10

Tutela Provisória contra a Fazenda Pública

A tutela provisória é tratada no CPC, de forma genérica, entre os arts. 294 e 311, e possui indicações em diversos outros dispositivos processuais, dentre os quais: arts. 9º, § único, I; 69, § 2º, III; 519; 537; 555, § único, II; 919, § 1º; 932, II; 937, VIII; 969; 1012, V; 1013, § 5º; 1015, I e 1059. Temos, portanto, uma parte geral que trata do instituto e vários outros dispositivos que também o consagram, como por exemplo, tutela provisória recursal. O STJ já analisou, com base no CPC/15, **pedido de tutela provisória em recurso especial** (AgInt na Pet 11681 / RJ- Rel. Min. Marco Buzzi -- Rel. p/ acórdão Antônio Carlos Ferreira - 4ª T- J. em 16/02/2017 - DJe de 06/03/2017).

Pela sistemática apresentada no Livro V - Tutela provisória - é possível classificá-la em, no mínimo, **três critérios**: a) quanto ao fundamento: urgência e evidência (art. 294); b) quanto à satisfatividade da tutela de urgência: antecipada e cautelar (art. 294, parágrafo único); c) quanto ao momento: antecedente e incidental (arts. 303 a 309).

Em vista de sua importância e de suas variações, várias abordagens podem ser apresentadas sobre o tema *tutela provisória*, o que por certo irá desafiar a doutrina e a jurisprudência. Contudo, nesta obra iremos concentrar esforços na verificação de alguns momentos processuais para a concessão da **tutela provisória de urgência incidental (cautelar e antecipada)** em desfavor da fazenda pública.

Vale partir de uma premissa: o CPC/15 uniformizou o sistema de cumprimento de sentença, e o instrumento de defesa da pessoa jurídica de direito público a ser feito, quando couber, por meio de *impugnação* (arts. 534-535 e 536 e seguintes, do CPC/15). Logo, as ordens judiciais que dizem respeito às obrigações de fazer, não fazer e entrega de coisa, são efetivadas mediante as técnicas dos arts. 497 c/c 536 e seguintes, do CPC/15. Nestas, a princípio **não há prerrogativa processual da fazenda em juízo**, sendo cumpridas da mesma forma do cumprimento de sentença contra um particular.

Eventual discussão a ser feita é se a tutela provisória de conduta (fazer, não fazer) ou coisa pode afetar o mérito da atuação do ente estatal / **o mérito administrativo**.

São duas situações bem diferentes. Uma é condenar a fazenda a pagar (*reconhecer a obrigação de pagar*), e outra é impor à pessoa de direito público uma conduta (*fazer ou não fazer*) ou *determinar a entrega de coisa*. Alguns podem afirmar que quase todo *fazer* impõe, mesmo que indiretamente, um dispêndio patrimonial.

Tal assertiva é verdadeira, mas sabendo que se trata de técnica para melhor tutela do bem jurídico material e que há o dever do Judiciário garantir o direito fundamental do cidadão, deve o intérprete ponderar os valores jurídicos em discussão em cada demanda judicial.

Assim, será uma **prestação de *fazer* em desfavor da fazenda pública**, fundamentada nos art. 497 c/c arts. 536 e seguintes, do CPC/15, e não no art. 534, do CPC/15, mesmo quando a conduta imponha reflexo pecuniário (ex. fornecimento de medicamento, tratamento médico, depósito de quantia necessária para operação, etc). Destarte; será *tutela específica* não gerando qualquer atividade de *expropriação pecuniária*.

Nesse caso, em que pese o reflexo pecuniário (por vezes o medicamento ou o tratamento médico pode gerar despesa até superior a muitos créditos inscritos em precatório) trata-se de *ordem judicial contendo um fazer*, inclusive sendo passível de **utilização das medidas de apoio** do sistema processual (multa e medidas atípicas - art. 139, IV, do CPC).

Parece ilógico um *fazer* que impõe pagamento, mas é a solução que vem sendo encontrada pela ordem jurídica para salvaguardar direitos do cidadão em colisão com as prerrogativas da fazenda pública.

Aliás, esse *cumprimento do fazer* deve ser realizado atendendo ao sincretismo processual, com as técnicas previstas nos arts. 497-500 c/c 536 e seguintes, do CPC/15. Há, ainda, a possibilidade de tutela provisória de urgência em relação à obrigação de fazer, com as técnicas previstas nos arts 294 e seguintes, c.c arts. 536-537, do CPC/15.

Nesses casos, portanto, não há óbice à tutela provisória contra a fazenda Pública. Em verdade, **existem obstáculos à tutela provisória** fundados nos arts. 1059, do CPC, art. 2º-B, da Lei 9.494/97, art. 7º, III, da Lei 12.016/09 e art. 1º, § 3º, da Lei 8.437/92 - normalmente ligados às ordens de quantia ou em casos de demandas movidas por servidores públicos em que procuram adição de vencimentos, reclassificação, etc.

Há a necessidade de muita parcimônia para a conclusão se cabe ou não determinada tutela provisória contra a fazenda. O STJ entende que as vedações devem ser analisadas restritivamente nos casos envolvendo **aposentadoria** (AgRg no AREsp 605482 / RS - Rel. Min. Sérgio Kukina - 1ª T - J em 24/11/2015 - DJe 11/12/2015), **reintegração de servidor** (AgRg na MC 19896 / MS - Rel. Min. Napoleão Nunes Maia Filho - 1ª T- J. em 02/10/2012 - DJe de 08/10/2012), caso em que se pretende a nomeação de aprovado em concurso público (AgRg no REsp 1.234.859/AM, Rel.Min. Teori Albino Zavascki, 1ª T, DJe 10/2/12), **nomeação e posse em cargo público** (EDcl nos EDcl no RMS 27311 / AM - Rel. Min. Jorge Mussi - 5ª T - J. em 06/02/2014 - DJe 14/02/2014), **pagamento de valores relativos à período de serviço efetivamente prestado** (AgRg no REsp 1.259.941/DF, Rel. Min. Herman Benjamin, 2ª T, DJe 19/12/12).

Quando cabível, a ordem judicial estará sujeita ao Pedido de Suspensão de Liminar ou de Sentença, nos termos das Leis 8.437/92 e 1.2016/09 - assunto que será tratado em momento posterior.

Dois lembretes importantes.

O Enunciado 729, do STF consagra a **inaplicabilidade da ADC 4** - referente à análise constitucionalidade da Lei 9.494/97 e as restrições de cabimento de tutela provisória contra a fazenda pública - às causas previdenciárias ("A decisão na ADC-4 não se aplica à antecipação de tutela em causa de natureza previdenciária"). Logo, as tutelas provisórias de urgência em matéria previdenciária não estão sujeitas às restrições da Legislação em comento - objeto de análise pela ADC 4.

Em relação à ordem judicial envolvendo o fornecimento de medicamento de alto custo, o STF declarou que o tema tem **Repercussão Geral**, no julgamento do RE 566471. Ainda falta o julgamento do mérito que, em decorrência do sistema de precedentes, terá caráter vinculante.

▸ **Importante**

Tutela Provisória

Existem, no mínimo, três critérios de classificação das tutelas provisórias: a) quanto ao fundamento: urgência e evidência; b) quanto à safisfatividade da tutela de urgência (antecipada e cautelar); c) quanto ao momento: antecedente e incidental.

É necessário observar a natureza da ordem judicial em desfavor da fazenda pública.

As ordens de conduta são analisadas sob o aspecto constitucional e eventual invasão do mérito do ato administrativo. As ordens de pagamento de quantia incidem nas vedações legais de tutela provisória contra a fazenda pública (arts. 1059, do CPC, art. 2º-B, da Lei 9494/97, art. 7º, III, da Lei 12.016/09 e art. 1º, § 3º, da Lei 8.437/92).

O Enunciado 729, do STF estabelece que a decisão na ADC-4 não se aplica à antecipação de tutela em causa de natureza previdenciária.

▸ **Como esse assunto foi cobrado em concurso?**

Procurador do Estado do Pará (2015):

Acerca das Tutelas de Urgência e Suspensão de decisões contrárias à Fazenda Pública, é correto afirmar que:

a) a Lei 9494/97, por tutelar o interesse público, deve ter sua interpretação abrangente, de maneira que não se admite a concessão de tutela de urgência contra a fazenda pública, sem sua oitiva prévia, independentemente da matéria debatida nos autos.

b) na hipótese de sentença confirmatória de tutela de urgência, anteriormente sobrestada abrangentemente pelo Presidente do Tribunal de Justiça local, é necessário o manejo de novo pedido de suspensão de liminar para retirar a eficácia da decisão meritória emanada do Juízo de piso.

c) em sede de pedido de suspensão de segurança, é imperioso o exame das razões de mérito que ancoram a defesa da Fazenda Pública na ação principal.
d) por ser instrumento inerente à tutela do interesse público, a legitimidade para o manejo de pedido de suspensão de liminar é exclusiva de entidades integrantes da Fazenda Pública.
e) decisões liminares cujo objeto seja idêntico poderão ser suspensas em um único provimento, podendo o Presidente do Tribunal estender os efeitos da suspensão a liminares supervenientes mediante simples aditamento do pedido inicial.

Gabarito: E

Procurador do Município de Porto Alegre (2016) – Banca: Fundatec

Sobre a tutela provisória de urgência cautelar requerida em caráter antecedente contra a Fazenda Pública, assinale a alternativa correta.

a) Caso o juiz entenda que o pedido de tutela cautelar antecedente tenha natureza satisfativa, deverá indeferir a petição inicial, julgando extinto o processo sem exame de mérito.
b) O indeferimento da tutela cautelar obsta a formulação do pedido principal quando o motivo do indeferimento for o reconhecimento de decadência ou de prescrição.
c) O réu será citado para contestar no prazo de quinze dias o pedido e indicar as provas que pretende produzir e, não sendo contestado o pedido, os fatos alegados pelo autor presumir-se-ão aceitos pelo réu como ocorridos, caso em que o juiz decidirá dentro de cinco dias.
d) O pedido principal, cuja causa de pedir poderá ser aditada, terá de ser formulado pelo autor no prazo de 30 (trinta) dias a contar do deferimento da tutela cautelar.
e) A tutela de urgência cautelar antecedente torna-se estável se da decisão que a conceder não for interposto o respectivo recurso. Nessa hipótese, qualquer das partes poderá demandar a outra com o intuito de rever, reformar ou invalidar a tutela estabilizada no prazo de dois anos.

Gabarito: B

Capítulo 11

Multas e Medidas Atípicas nas causas contra a Fazenda Pública

11.1. MULTAS

Há, no CPC/2015, distintas espécies de multas, de naturezas jurídicas variadas.

Uma das espécies mais comuns nas demandas que envolvem a presença da Fazenda Pública no polo passivo, são as **astreintes**, multas que tem fim coercitivo, com vistas a assegurar o cumprimento de obrigações de fazer ou de não fazer, segundo indicado nos arts. 536 e 537 do diploma processual.

A Fazenda está ainda sujeita a **multas de caráter punitivo**, como a estabelecida no art. 77, § 2° (multa por **ato atentatório** à dignidade da justiça) ou 81 (**litigância de má-fé**).

Há que se fazer menção a algumas multas que são estabelecidas em função da utilização de espécies recursais.

No art. 1021, § 4°, previu-se que, no **agravo interno**, o agravante pagará multa de um a cinco por cento do valor atualizado da causa, na hipótese de o agravo interno ser declarado **manifestamente inadmissível ou improcedente por unanimidade**, com a utilização de outros recursos condicionada ao depósito prévio.

Já no art. 1026, §§ 2° e 3°, há multa por **embargos de declaração protelatórios**, fixados em até dois por cento do valor da causa, que podem ser majorados para até dez por cento na hipótese de reiteração, ficando a interposição de outros recursos condicionada ao depósito prévio.

Esse **depósito prévio**, previsto tanto no agravo interno como nos embargos de declaração, **não atinge a Fazenda Pública**, que somente haverá de recolher tais valores ao final, em caso de derrota.

Registre-se, ainda, que a Fazenda Pública **não está sujeita à multa** que está prevista no art. 968, II, do CPC/2015, correspondente a **cinco por cento do valor da causa, no ajuizamento das ações rescisórias**, valor que é revertido para o réu em caso de inadmissão ou improcedência da ação. Isto porque o § 1° do mesmo artigo isenta a União, os Estados, o Distrito Federal, os Municípios, as autarquias e as fundações públicas de procederem a esse depósito prévio, não sendo, portanto, para esses entes, requisito ao ajuizamento da ação.

11.2. MEDIDAS ATÍPICAS

Não é raro que se observem atrasos no cumprimento das obrigações de pagar, fazer, não fazer e entregar, quando o devedor é um ente integrante da Fazenda Pública.

O CPC/2015 estabeleceu, no **art. 139, IV**, que o juiz tem por incumbência determinar todas as medidas indutivas, coercitivas, mandamentais ou sub-rogatórias necessárias para assegurar o cumprimento de ordem judicial, inclusive nas ações que tenham por objeto prestação pecuniária.

A análise, no mais das vezes, deve ser casuística, tendo em conta que porquanto medidas que, a princípio, sejam consideradas inadmissíveis, podem se revelar, na prática, adequadas e necessárias para que haja o cumprimento da obrigação. **Não houve nenhuma restrição**, no art. 139, IV, **quanto à adoção dessas medidas contra o Poder Público.**

Devem ser ponderadas, no entanto, as consequências que podem gerar à sociedade, como também em função do choque de princípios que pode haver, notadamente entre a efetividade da execução e a supremacia do interesse público.

11.2.1. Penhora sobre bens públicos

A princípio, tratando-se do cumprimento de obrigação de pagar quantia, fala-se na **impossibilidade de a penhora** incidir sobre os bens públicos, de modo a se vedar a invasão do patrimônio e a constrição imediata dos bens públicos. Tal vedação decorre do fato de que, sendo os bens de uso comum do povo e os de uso especial inalienáveis, devem também ser tido como não passíveis de penhora.

Não há que se imaginar um bem de uso comum do povo, destinado à utilização geral pela coletividade, sendo objeto de penhora judicial. Pensar em uma rua, uma avenida, uma estrada, uma praça ou um viaduto sendo penhorados revela-se absurdo e desprovido de qualquer respaldo de cunho jurídico, porque afetaria a coletividade e a própria ordem social.

Também pensamos como **não legítima a penhora sobre bens de uso especial, ou do patrimônio administrativo indisponível**, tendo em conta que, como estes são utilizados para a prestação de serviços públicos ou administrativos, tais como o funcionamento de uma escola, de um hospital ou de um posto de saúde, sua penhora e conseguinte alienação viria a causar transtornos sérios ao interesse público, que deve prevalecer sobre o interesse de um credor particular.

A discussão que resta é em torno dos **bens públicos dominicais ou do patrimônio disponível** (como prédios ou terrenos sem uso), os quais, apesar de alienáveis, nos termos da legislação civil e administrativa, **não são passíveis de penhora**, em razão da vedação constitucional, que prevê regime específico para pagamento de seus débitos. Parece que, na hipótese, melhor seria que a Constituição Federal permitisse regra excepcional para a penhora desses bens, compatibilizando assim o texto constitucional com o que se tem na legislação civil e administrativa.

Não há como se sustentar, quanto aos bens dominicais, o mesmo argumento que se utiliza para justificar a impenhorabilidade dos bens de uso comum e dos bens de uso especial. Nesses casos, há quebra da ordem e prejuízo ao interesse coletivo se houvesse a penhora e a conseguinte alienação. Naquele, qual seja, em relação aos bens dominicais, **não se tem prejuízo** a uma coletividade e a vedação persiste apenas porque assim quis o constituinte.

Havendo, portanto, sinalização de ordem constitucional para se estabelecer dita exceção, nos termos propostos, tratar-se-ia de uma efetiva medida a garantir a viabilidade da execução para pagamento de quantia certa por parte da Fazenda, notadamente quando se imagina que grande parte dos Municípios brasileiros possui patrimônio dominical, mas retarda injustificadamente o cumprimento de suas obrigações de pagar.

11.2.2. Prisão de agentes públicos

Não é raro se identificar o descumprimento de decisões por parte de agentes públicos, que se escondem sob a proteção de que não são eles que estão descumprindo, mas sim o ente ao qual servem, como se as situações não se misturassem. A ausência de temor coercitivo para o descumprimento acaba por estimular o desdém com que muitos agentes tratam as decisões que lhes chegam para imediato cumprimento.

Assim, **não é incomum a determinação de prisão de agentes** que retardam de modo desarrazoado e injustificado o cumprimento de uma relevante obrigação, atingindo-se com mais rapidez a efetividade da execução. Resta saber se essa prática encontra respaldo constitucional e legal.

Nos termos do art. 5º, inciso LXVII, da Constituição, ninguém poderá ser preso civilmente por dívida, salvo nos casos de inadimplemento voluntário e inescusável de obrigação de prestar alimentos e do depositário infiel. Quanto ao depositário infiel, em razão da existência de convenções e tratados internacionais sobre direitos humanos dos quais o Brasil é signatário, o Supremo Tribunal Federal editou o enunciado de súmula vinculante nº 25, segundo o qual "é ilícita a prisão civil de depositário infiel, qualquer que seja a modalidade de depósito".

Não há, portanto, **possibilidade de determinação de prisão civil por dívidas**, segundo nosso ordenamento constitucional, a não ser em caso de obrigações de natureza alimentícia. Analisando-se o texto constitucional, constata-se que o art. 5º, LXVII, ao ressalvar a prisão civil por dívidas, tratou de duas espécies de obrigações: uma pecuniária, qual seja, a dívida de alimentos; e outra não pecuniária (de entregar coisa), que é a do depositário infiel, posto que a prisão, segundo o art. 652 do Código Civil, tinha por objetivo forçar o depositário a restituir a coisa depositada. A nosso ver, o termo dívida empregado na Constituição não pode ser atrelado apenas a obrigações pecuniárias, abrangendo qualquer tipo de obrigação.

Como decorrência do enunciado sumular vinculante nº 25 do STF, reputamos **inadmissível qualquer tipo de prisão civil por dívidas (abrangendo qualquer tipo de obrigação), exceto a dos responsáveis pelas dívidas de natureza alimentar**, ainda que estejam em jogo direitos fundamentais de maior grandeza que a liberdade individual, até que haja uma eventual superação do entendimento fixado pela Corte Maior.

Restariam, como exceções, a permitirem a prisão civil como meio coercitivo, tão somente os deveres de conteúdo não obrigacional, referidos inclusive pelo CPC/2015 em seu art. 536, § 5º, a exemplo dos deveres de não poluir o meio ambiente, de respeito à propriedade intelectual ou ao direito de concorrência. Tais **restrições aplicam-se igualmente aos agentes públicos**, de modo que a utilização da prisão civil somente estaria autorizada nos casos de determinações judiciais de cumprimento de deveres de natureza não obrigacional.

No que se refere à prisão de natureza penal, é certo que a jurisprudência do Supremo Tribunal Federal não admite a prisão por crime de desobediência (HC 88572, Relator(a): Min. Cezar Peluso, Segunda Turma, julgado em 08/08/2006, DJ 08-09-2006) - quando configurado o descumprimento de ordem judicial - nos casos em que a decisão emana de órgão jurisdicional com competência cível e não criminal.

Não há como determinar a prisão de natureza penal por crime de desobediência em relação aos agentes públicos e somente se revela possível a determinação da sua prisão civil em caso de descumprimento de obrigações de natureza alimentar, o que inclui prestações de natureza previdenciária e a remuneração de servidores públicos ou de deveres com conteúdo não obrigacional.

11.2.3. Suspensão e cancelamento de eventos públicos

Outra medida atípica tendente a garantir a eficácia da atividade executiva contra a Fazenda Pública é a **suspensão ou o**

cancelamento de eventos públicos. Na hipótese, deve-se ter muita ponderação, sob pena de se prejudicar a coletividade e o interesse público, para privilegiar a vontade do credor individual.

Imagine-se uma situação em que um credor, pessoa física, tem créditos da Administração decorrentes de um evento que realizou e que não lhe foram pagos os valores correspondentes, por pura mora do ente. Parece razoável que ele requeira, e o juiz determine, a suspensão ou o cancelamento de um evento similar que esteja por ocorrer? Entendemos que não, porque isso provavelmente geraria um prejuízo maior à coletividade, e não garantiria em absoluto que a dita obrigação viria a ser cumprida.

Por outro lado, imaginando-se que se esteja diante do descumprimento de obrigações de fazer ou de não fazer que tenham pertinência temática com o evento, como por exemplo, a não apresentação de um alvará de liberação do Corpo de Bombeiros ou alguma questão de ordem ambiental, parece sim **eficaz que se determine a suspensão ou mesmo o cancelamento de um evento organizado pelo poder público**, a fim de se garantir a efetividade na execução da obrigação.

11.2.4. Bloqueio ou sequestro de verbas públicas

Sempre se colocou, quase como se estivéssemos diante de uma cláusula pétrea, que o bloqueio ou sequestro de verbas públicas não poderia se dar, como medida atípica, normalmente fundada em razões de cunho orçamentário, que encontram um manto constitucional. Dita proteção tem todo sentido, visto que, se assim não fosse, a Administração não teria condições de planejar e executar suas políticas públicas, porque se veria, a todo tempo, tendo o seu orçamento invadido com o bloqueio ou sequestro judicial de valores.

A temática foi enfrentada diversas vezes pelo Poder Judiciário e, aos poucos, aquele entendimento absolutamente contrário foi encontrando uma flexibilização, quando se deparavam os juízes com situações em que o descumprimento da ordem judicial poderia acarretar lesões tão graves ao jurisdicionado que se fazia necessário compatibilizar aquela garantia estabelecida para a Fazenda Pública com outras normas constitucionais.

A questão chegou ao Superior Tribunal de Justiça, por meio de **recurso especial repetitivo (RESP 1.069.810)**, havendo se firmado o entendimento de que **é sim possível o bloqueio de verbas públicas, em situações excepcionais**, quando se vislumbrar a urgência e a imprescindibilidade de sua prestação, além do amparo constitucional no direito fundamental à saúde.

O referido bloqueio, determinado como medida atípica, somente deve ser determinado após o esgotamento dos meios típicos destinados a forçar o cumprimento das obrigações pela Fazenda Pública. Este foi inclusive o entendimento firmado no Enunciado n.º 51 do Fórum Nacional do Poder Público.

11.2.5. Bloqueio do recebimento de créditos de outros entes ou de particulares

Tende a se revelar eficaz também, quando houver o descumprimento imotivado no cumprimento de obrigações de pagar a cargo do Poder Público, o bloqueio do recebimento de créditos que eventualmente se tenha a receber de outros entes ou de particulares. Por vezes, e isso é mais comum quando se lida com Municípios, um determinado ente tem créditos a receber, via precatório ou requisição de pequeno valor de outros entes, ou mesmo via pagamento direto de particulares, mas demonstra irresponsável falta de zelo no pagamento de seus débitos.

Assim, em isso ocorrendo e não havendo outros meios típicos capazes de assegurar a execução, afigura-se **pertinente a ideia de se bloquear ditos créditos a receber**, para que assim seja viabilizado o pagamento de obrigações de pagar, logicamente em observância à ordem cronológica, constitucionalmente assegurada.

11.2.6. Suspensão do fornecimento de energia elétrica de órgãos e agentes públicos

Outra medida atípica que se tem notícia, após a entrada em vigor do Código de Processo Civil de 2015, é a questão da **suspensão do fornecimento de energia elétrica de devedores**, a fim de forçar o cumprimento de obrigações. Revela-se, sem dúvida, em instrumento coercitivo eficaz, que desperta a necessidade do devedor para que imprima rapidez ao cumprimento. A questão que surge é se essa medida poderá ser objeto de extensão aos órgãos públicos e aos agentes públicos responsáveis pelo cumprimento de obrigações.

Quanto à suspensão do fornecimento de energia dos órgãos públicos, parece haver sim **prejuízos em eventual medida atípica determinada**. Isto porque, partindo-se do pressuposto de que são bens de uso especial, a suspensão do fornecimento de energia elétrica haverá de acarretar, senão a paralisação, **graves dificuldades à continuidade da prestação do serviço** público, o que acaba por prejudicar, em última análise, a própria sociedade.

11.2.7. Suspensão do pagamento dos vencimentos dos agentes públicos

Não nos parece legítima a indiscriminada suspensão do pagamento dos vencimentos dos agentes públicos, como medida tendente a assegurar a efetividade das decisões judiciais. Nos termos do art. 833, IV, do CPC/2015, os vencimentos são impenhoráveis, com a ressalva apenas das hipóteses de penhora para pagamento de prestação alimentícia ou de importâncias excedentes a 50 (cinquenta) salários-mínimos mensais.

Se são assim impenhoráveis os vencimentos de um devedor pessoa física, por exemplo, não há razões para que se entenda como correta a suspensão do pagamento desses vencimentos quando se cuidar de um agente público que esteja a retardar o cumprimento de uma obrigação.

> ▸ **Importante**
>
> **Multas e medidas atípicas**
>
> - Multas de caráter coercitivo: assegurar o cumprimento das obrigações de fazer e não-fazer.
> - Multas de caráter punitivo: ato atentatório à dignidade da justiça e litigância de má-fé.
> - Medidas atípicas: art. 139, IV, CPC/2015.

Capítulo 12

Reexame Necessário

Não obstante a inegável importância histórica do reexame necessário, sempre foi um dos mais criticados mecanismos da legislação processual, para muitos, inclusive, violador da isonomia e responsável pela desnecessária mora no encerramento de muitos feitos.

No **art. 496** do CPC/2015, consta a figura do **reexame necessário**, previsto para aquelas sentenças proferidas contra a União, os Estados, o Distrito Federal, os Municípios e suas respectivas autarquias e fundações de direito público, bem como para aqueles casos em que se julgar procedentes, no todo ou em parte, os embargos à execução fiscal.

As alterações, por outro lado, foram bastante significativas no que tange às situações de restrição à remessa necessária. No **§ 3°, restringiu-se sua incidência** nas situações em que o valor da condenação ou o proveito econômico obtido na causa for de valor certo e líquido inferior a 1000 (mil) salários mínimos para União e suas autarquias e fundações de direito público, 500 (quinhentos) salários mínimos para os Estados, Distrito Federal, as respectivas autarquias e fundações de direito público e os Municípios que constituam capitais dos Estados, e 100 (cem) salários mínimos para os demais Municípios e suas respectivas autarquias e fundações de direito público. Registre-se, outrossim, que a sentença precisa ser certa e líquida, de modo que, se ilíquida o for, não se há como dispensar a remessa necessária.

Já no **§ 4°**, mantendo a linha do CPC revogado para as questões pacificadas pela jurisprudência, prevê-se que não haverá a remessa oficial quando a sentença estiver fundada em **súmula de tribunal superior**, em acórdão proferido pelo STF ou STJ no **julgamento de casos repetitivos** ou em entendimento firmado em **incidente de resolução de demandas repetitivas ou de assunção de competência**.

No mesmo **§ 4°**, veda-se a remessa necessária quando a sentença estiver fundada em entendimento coincidente com **orientação vinculante firmada no âmbito administrativo do próprio ente público**, consolidada em manifestação, parecer ou súmula administrativa. Tal previsão soluciona questão que rotineiramente ocorria na vigência do CPC de 1973, em que a Fazenda Pública - notadamente a Advocacia-Geral da União - deixava de recorrer baseada em súmula administrativa, mas os autos subiam ao respectivo Tribunal, em decorrência da remessa oficial. Ademais, poupa tempo e trabalho dos procuradores, tendo estes um melhor aproveitamento das causas necessárias e urgentes que precisam de um trabalho intelectual mais aprimorado e condizente para a defesa dos interesses da coletividade.

Para tanto, ainda que se esteja diante da manutenção da remessa necessária, o que demonstra ainda um pouco de conservadorismo do legislador ordinário, é indiscutível que a ampliação das situações restritivas resultará em **sensível diminuição dos casos submetidos à reanálise**, contribuindo assim, de modo decisivo, com a buscada celeridade na entrega da prestação jurisdicional.

Um aspecto importante ligado à remessa necessária diz respeito à existência ou não de preclusão, caso inexista recurso de apelação simultaneamente apreciado pelo respetivo tribunal. Independente da discussão da natureza jurídica da remessa (**recurso voluntário, condição de eficácia ou condição para a formação de coisa julgada**) inexiste preclusão em decorrência da não interposição de apelação, pelo que está reaberta a possibilidade recursal voluntária após a sua apreciação pelo tribunal, que, inclusive, poderá ser feita monocraticamente (art. 932, IV e V, do CPC/15 e Enunciado n. 253, da Súmula da Jurisprudência dominante do STJ). Neste contexto, há precedentes do Superior Tribunal de Justiça (AgRg no AgRg no REsp 1513033 / MG - Rel. Min. Humberto Martins - 2ª Turma - J. em 21/05/2015 - DJe de 29/05/2015 e o RESp 905.771/CE - da Corte especial).

> **▸ Importante**
>
> **Remessa Necessária**
>
> Esta prerrogativa da fazenda pública foi alterada pelo CPC/15. Não haverá remessa quando o valor da condenação ou do proveito econômico não ultrapassar os limites fixados no § 3º, do art. 496, bem como

nos casos em que, independentemente do valor, a decisão estiver fundada em precedente obrigatório ou orientação vinculante no âmbito administrativo.

Não ocorre a preclusão em relação a recurso contra acórdão que confirma a sentença em sede de remessa necessário, mesmo inexistindo apelação (AgRg no AgRg no REsp 1513033 / MG - Rel. Min. Humberto Martins - 2ª Turma - J. em 21/05/2015 - DJe de 29/05/2015).

Como esse assunto foi cobrado em concurso?

Prefeitura de Araguari – MG – Procurador Municipal 2016

No que diz respeito à remessa necessária, julgue a afirmativa incorreta:

a) Não está sujeita ao duplo grau de jurisdição a sentença cuja condenação ou o proveito econômico obtido na causa for de valor certo e líquido inferior a 100 (cem) salários-mínimos para todos os Municípios e respectivas autarquias e fundações de direito público;

b) Não está sujeita ao duplo grau de jurisdição a sentença que estiver fundada em entendimento coincidente com orientação vinculante firmada no âmbito administrativo do próprio ente público, consolidada em manifestação, parecer ou súmula administrativa;

c) Está sujeita ao duplo grau de jurisdição, não produzindo efeito senão depois de confirmada pelo tribunal, a sentença que julgar improcedentes, no todo, os embargos à execução fiscal;

d) Não está sujeita ao duplo grau de jurisdição a sentença que estiver fundada em súmula de tribunal superior

Gabarito: C

CESPE – 2017 – Juiz de Direito/PR

Determinada sociedade empresária ajuizou demanda contra pequeno município localizado no interior do Paraná e, indicando como causa de pedir o inadimplemento contratual do município, apresentou dois pedidos de indenização: um por danos emergentes no valor de trezentos mil reais; outro por lucros cessantes no valor de duzentos mil reais. Apresentada a defesa pelo ente público e tomadas as providências preliminares, o magistrado julgou procedente o pedido referente aos danos emergentes em decisão interlocutória. Após a produção de outras provas, o juiz prolatou sentença em que julgou procedente também o pedido pertinente aos lucros cessantes, tendo ainda apreciado expressamente questão prejudicial de mérito relativa à validade do contrato. Nenhuma das decisões foi objeto de interposição de recurso pelo município.

Nessa situação hipotética,

a) o magistrado não poderia julgar o mérito em decisão interlocutória e, portanto, a decisão interlocutória deverá ser considerada nula quando o tribunal apreciar o processo em sede de remessa necessária.

b) a remessa necessária incidirá apenas em relação à sentença, não podendo recair sobre a decisão interlocutória, mesmo ante o fato de essa decisão ter resolvido o mérito de forma parcial.

c) a decisão interlocutória que versou sobre o mérito da demanda não faz coisa julgada material, porque essa é uma situação jurídica exclusiva das sentenças de mérito, quanto às decisões que são prolatadas em primeiro grau.

d) a coisa julgada sobre a questão prejudicial incidental dependerá de remessa necessária, observados ainda os demais pressupostos para a incidência do duplo grau obrigatório.

Gabarito: D

Capítulo 13

Precedentes e Fazenda Pública

O CPC/15 ampliou os institutos ligados ao **caráter vinculante das decisões dos tribunais**, visando atender aprimorar a ideia de superação dos obstáculos ligados ao tempo de duração dos processos (art. 5º, LXXVIII da CF/88 c/c art. 4º, do CPC/15.

Esta tendência vinculativa atinge diretamente conceitos típicos de teoria do processo e do direito (como direito de ação, contraditório, ampla defesa e devido processo legal - art. 5º, LIV e LV da CF/88) além do papel de interpretação de aplicação do direito pelo magistrado.

Há, no sistema processual, um microssistema de processos repetitivos com implicação direta na atuação da fazenda pública. O Superior Tribunal de Justiça utiliza a expressão ***precedentes qualificados*** para as decisões constantes no rol do art. 927, III e IV, do CPC/15 (*RISTJ - Art. 121-A. Os acórdãos proferidos em julgamento de incidente de assunção de competência e de recursos especiais repetitivos bem como os enunciados de súmulas do Superior Tribunal de Justiça constituem, segundo o art. 927 do Código de Processo Civil, precedentes qualificados de estrita observância pelos Juízes e Tribunais*).

As decisões oriundas do Incidente de Resolução de Demandas Repetitivas, Incidente de Assunção de Competência, Recurso especial e extraordinário repetitivos **atingem diretamente as causas envolvendo a fazenda pública** e fundamentam a utilização dos seguintes institutos: a ordem fixação de cronológica (art. 12, do CPC/15); a tutela de evidência (art. 311, do CPC/15 - inclusive em sede de apelação - art. 932, II, do CPC/15); a improcedência liminar (art. 332, do CPC/15); a falta de fundamentação da decisão (art.489, § 1º, V, do CPC); a dispensa de remessa necessária (art. 496, § 3º, do

CPC/15); a ação rescisória (art.966, V e §§ 5º e 6º, do CPC/15), o IRDR (arts. 976 a 978), a reclamação (art. 988, do CPC), impugnação ao cumprimento de sentença (art. 525 e 535, do CPC/15), intervenção como *amicus curiae* e determinação para fiscalização e cumprimento da decisão judicial, por meio da agência reguladora.

Portanto, a **teoria dos precedentes** e a **vinculação das decisões judiciais** (arts. 926-928, do CPC/15) influenciam diretamente a atuação da fazenda pública, como será melhor tratado no próximo item.

> **Importante**
>
> **Precedentes e Fazenda Pública**
>
> O Superior Tribunal de Justiça utiliza a expressão *precedentes qualificados* para as decisões constantes no rol do art. 927, III e IV, do CPC/15.
>
> As decisões oriundas do Incidente de Resolução de Demandas Repetitivas, Incidente de Assunção de Competência, Recurso especial e extraordinário repetitivos atingem diretamente as causas envolvendo a fazenda pública.

Capítulo 14

A atuação da Fazenda Pública no julgamento de demandas repetitivas

Visando aos objetivos pretendidos neste trabalho, cumpre analisar a atuação da fazenda pública no julgamento de demandas repetitivas. Não se pode esquecer que, de acordo com o CPC/15, **demanda repetitiva** é aquela oriunda do julgamento do IRDR, Resp repetitivo e RE repetitivo, que podem ter por objeto questão de direito material e processual (art. 928, do CPC/15).

A formação das teses jurídicas oriundas dos julgamentos de casos repetitivos **afeta diretamente a fazenda pública**. Boa parte (ou a maioria) dos recursos em tramitação no STF e STJ, sob o regime de repetitivos, envolve o poder público e provocaram a intervenção de outros entes na qualidade de *amicus curie*.

Com o objetivo de auxiliar os estudos, recomenda-se a leitura dos seguintes recursos em tramitação nos Tribunais Superiores, levando em conta o reflexo nas causas envolvendo a fazenda pública (art. 1.040, do CPC/15):

- RESp 1657156 (tema 106).
- RE 855178 (tema 793).
- RE 657718 (tema 500).
- RE 605533 (tema 262)
- RE 566471 (Tema 006)

Estes julgamentos são relevantes especialmente diante da consequência processual a ser definida pelo Tribunal Superior, e os reflexos nos institutos citados no item anterior.

Logo, é muito comum a atuação de vários Estados, Municípios e da própria União, no processo de formação e julgamento desses recursos repetitivos, diante da repercussão nas causas que estão sobrestadas nas instâncias ordinárias. Com a fixação das teses jurídicas, os órgãos jurisdicionais **aplicam o sistema aos institutos citados acima, ou se utilizam das técnicas de não aplicação** (*superação - overrruling, pelo próprio* órgão *prolator do precedente ou distinção - art. 927, § 2º, - distinguishing, pelos demais*).

No sítio do STJ, há ícone informando a quantidade de processos sobrestados aguardando posicionamento nos recursos paradigmas (http://www.stj.jus.br/sites/STJ/default/pt_BR/Processos/Repetitivos-e-IAC/Saiba-mais/Processos-suspensos). Em pesquisa realizada em 16.10.17, este número passa de quinhentos mil e, por certo, a maioria envolve entes públicos.

Além dos precedentes judiciais, vale ressaltar que o **CPC/15 consagra os administrativos que influenciam, v.g, na dispensa da remessa necessária**. Em relação ao mandado de segurança, por exemplo, há o Enunciado 312, do Fórum Permanente de Processualistas Civis (FPPC) consagrando que se aplica à dispensa da remessa necessária ao *mandamus* nos casos do inciso IV, do § 4º, do art. 496, do CPC/15, a saber: *decisão judicial coincidente com orientação vinculante firmado no* âmbito *administrativo do ente público.*

Em verdade, o tema deste Enunciado do FPPC é mais amplo e discute o cabimento das restrições ao reexame necessário, advindas do CPC/15, também ao mandado de segurança. Uma premissa deve ser apresentada: o MS é impetrado, na maioria das vezes, para controlar atos administrativos oriundos do Poder Público. Por tal razão, é correta a interpretação de dispensa de nova análise do julgado nos casos de existência de ato normativo vinculante no âmbito da própria administração.

Logo, além dos precedentes oriundos do Poder Judiciário, existem aqueles que seguem as diretrizes administrativas e, consequentemente, dispensam a remessa necessária.

▸ **Importante**

Fazenda Pública no julgamento de demandas repetitivas

A formação das teses jurídicas oriundas dos julgamentos de casos repetitivos afeta diretamente a fazenda pública.

Há inúmeros recursos em tramitação no STF e STJ, sob o regime de repetitivos, que envolvem temas de interesse dos entes públicos, inclusive provocando a intervenção na qualidade de *amicus curiae*.

▸ **Como esse assunto foi cobrado em concurso?**

Ano: 2017 - Banca: MPE-PR - Órgão: MPE-PR - Prova: Promotor Substituto

Sobre o processo nos tribunais e os processos de competência originária dos tribunais, nos termos do Código de Processo Civil, assinale a alternativa correta:

a) Nos termos do Código de Processo Civil, não podem os tribunais rever seus posicionamentos, tendo em vista o elemento da estabilidade da jurisprudência.

b) Os enunciados de súmula devem se ater apenas aos fundamentos jurídicos dos tribunais.

c) As decisões do Supremo Tribunal Federal em controle concentrado de constitucionalidade que declaram inconstitucional lei ou ato normativo possuem mero efeito persuasivo.

d) Quando o resultado da apelação for não unânime, o julgamento terá prosseguimento em sessão a ser designada com a presença de outros julgadores em número suficiente para garantir a possibilidade de inversão do resultado inicial, também sendo possível o prosseguimento do julgamento na mesma sessão, desde que existam julgadores suficientes para compor o colegiado.

e) Nos termos do Código de Processo Civil de 2015, a assunção de competência tem a função de declarar o juízo competente para julgar demanda em que dois ou mais juízos se consideram competentes.

Gabarito: D

Ano: 2016 - Banca: FCC - Órgão: DPE-ES - Prova: Defensor Público

Com o advento no novo Código de Processo Civil, alguns entendimentos jurisprudenciais pacíficos e mesmo súmulas editadas à luz da legislação revogada, perderam a sua fundamentação jurídica e, portanto, não mais poderão persistir no ordenamento jurídico. O overrulling, como técnica adequada de aplicação dos precedentes

a) depende da modificação legislativa e somente é aplicável após a revogação da Súmula pelo próprio Tribunal que a editou.

b) consiste na revisão de precedentes que foram elaborados a partir de vícios formais e, portanto, devem ser extirpados do ordenamento jurídico.

c) não implicaria a revogação do precedente, mas tão somente o afastamento de seu efeito vinculante em relação aos órgãos jurisdicionais de hierarquia inferior.

d) impõe à parte o ônus de demonstrar a distinção entre o caso concreto e os fatos que serviram para a formação da tese jurídica do precedente, distinguindo-as e justificando, assim, a sua inaplicabilidade ao caso concreto.

e) está relacionado com a demonstração de que a superveniência de fatores que podem operar a revogação ou a superação do precedente firmado à luz do ordenamento revogado.

Gabarito: E

Capítulo 15

Cumprimento de sentença contra a Fazenda Pública

Inicialmente, deve ser feito um corte interpretativo em relação às medidas executivas promovidas em desfavor da fazenda pública: aquelas oriundas de títulos executivos judiciais (cumprimento de sentença) e as decorrentes de títulos executivos extrajudiciais.

As novas técnicas processuais ligadas ao cumprimento de sentença visaram um claro **incentivo ao sincretismo processual** entre as fases de conhecimento e cumprimento, também nas demandas em desfavor da fazenda pública, o que alterou a forma de intimação, o instrumento de defesa, etc.

Aspectos políticos e jurídicos indicam a necessidade de permanência parcial do tratamento diferenciado nas *execuções de quantia* contra a fazenda pública. Trata-se, é sempre bom recordar, de procedimento consagrado, em geral, nos arts. 100 da CF/88, além das previsões contidas na Lei 9.494/97, com quitação do crédito mediante precatório requisitório, após o trânsito em julgado, diante da inalienabilidade e impenhorabilidade dos bens públicos.

Neste sentido, **há vedações ao sistema de satisfação provisória** (execução provisória) das ordens de quantia em desfavor da fazenda pública, levando em conta a **necessidade de organização orçamentária**, de inscrição da ordem dos precatórios requisitórios e da classificação dos créditos (art. 100 da CF/88).

Nota-se, portanto, que o sistema de *cumprimento de sentença* advindo do CPC/15, de um lado, ampliou o sincretismo para os títulos de quantia contra a fazenda pública, consagrando a defesa por meio de impugnação (e não mais embargos - art. 535, do CPC/15) e posterior pagamento em regra mediante precatório requisitório e apenas em caso de definitividade do título executivo

(STF- RE 272.625 -2ª Turma -STF - Rel. Min. Maurício Corrêa e STJ-REsp 692015 / RS-1ª Turma -STJ - Rel. Min. Luiz Fux - J. em 21.06.2005 - DJ de 01.08.2005, p. 34).

Vale registrar, por oportuno, que o CPC/15, apesar de ampliar a fase de cumprimento também nos casos de sentença de quantia contra a fazenda pública, **manteve o descabimento da multa pelo descumprimento da ordem judicial** (art. 534, § 2º), sendo o **ente público intimado para impugnar no prazo de 30 dias** (art. 535).

Por outro lado, as ordens judiciais que dizem respeito às obrigações de fazer, não fazer e entrega de coisa, são efetivadas mediante as técnicas dos arts. 497 c/c 536 e seguintes, do CPC/15.

Destarte, são duas situações bem diferentes. Uma é condenar a fazenda a pagar (***reconhecer a obrigação de pagar***), e outra é impor à pessoa de direito público uma conduta (***fazer ou não fazer***) ou *determinar a* **entrega de coisa.** Assim, será uma prestação de *fazer*, enquadrável nos art. 497 c/c arts. 536 e seguintes, do CPC/15, e não no art. 534, do CPC/15, mesmo quando a conduta impõe conotação pecuniária (ex. fornecimento de medicamento, tratamento médico, depósito de quantia necessária para operação - STJ - REsp n.º 494.886/RS- Rel. Ministro José Arnaldo da Fonseca, DJ de 28.06.2004 e REsp 638806- DJ de 24.11.2004).

Nesse caso, em que pese o **reflexo pecuniário** (por vezes o medicamento ou o tratamento médico pode gerar despesa até superior a muitos créditos inscritos em precatório) trata-se de *ordem judicial contendo um fazer*, inclusive sendo passível de utilização das medidas de apoio do sistema processual. Aliás, esse *cumprimento do fazer* deve ser realizado atendendo ao sincretismo processual, com as técnicas previstas nos arts. 497-500 c/c 536 e seguintes, do CPC/15. Há, ainda, a possibilidade de tutela provisória de urgência em relação à obrigação de fazer, com as técnicas previstas nos arts 294 e seguintes, do CPC/15.

▸ **Importante**

Fazenda Pública e Cumprimento de Sentença

Há vedações ao sistema de satisfação provisória (execução provisória) das ordens de quantia em desfavor da fazenda pública, levando em conta a necessidade de organização orçamentária, de inscrição da ordem dos precatórios requisitórios e da classificação dos créditos (art. 100 da CF/88).

Uma é condenar a fazenda a pagar (*reconhecer a obrigação de pagar*), e outra é impor à pessoa de direito público uma conduta (*fazer ou não fazer*) ou *determinar a entrega de coisa*. Assim, será uma prestação de *fazer*, enquadrável nos art. 497 c/c arts. 536 e seguintes, do CPC/15, e não no art. 534, do CPC/15, mesmo quando a conduta impõe conotação pecuniária.

▸ Como esse assunto foi cobrado em concurso?

Ano: 2016 - Banca: FCC - Órgão: SEGEP-MA - Prova: Procurador do Estado

No cumprimento de sentença que reconheça a exigibilidade de obrigação de pagar quantia certa pela Fazenda Pública, ela será

a) intimada na pessoa de seu representante judicial, por meio eletrônico, por Oficial de Justiça, ou por carta, para no prazo de quinze dias deduzir impugnação ao cálculo apresentado pelo credor, podendo alegar qualquer matéria útil à sua defesa.

b) intimada na pessoa de seu representante judicial, por carga, remessa ou meio eletrônico, para, querendo, no prazo de trinta dias e nos próprios autos impugnar a execução, podendo alegar inexequibilidade do título ou inexigibilidade da obrigação.

c) intimada na pessoa de seu representante judicial para opor embargos, no prazo de trinta dias, que serão autuados em apenso, podendo alegar apenas excesso de execução.

d) citada na pessoa de seu representante judicial para opor embargos, no prazo de trinta dias, nos próprios autos, podendo alegar excesso de execução ou qualquer causa modificativa ou extintiva da obrigação, superveniente ao trânsito em julgado.

e) citada na pessoa de seu representante judicial, por meio eletrônico ou por carta, para impugnar o cálculo apresentado pelo credor, nos mesmos autos, e, após a homologação da conta de liquidação, iniciar-se-á a execução, com abertura de prazo para embargos.

Gabarito: B

Capítulo 16

Execução contra a Fazenda Pública

16.1. PROCEDIMENTO

O CPC/2015 deu efeito a uma importante modificação quanto à execução dos títulos judiciais, com a **sistemática do cumprimento de sentença**, mas isso não significou o fim do processo de execução contra a Fazenda Pública, porque não se pode ignorar a existência de títulos extrajudiciais constituídos em face dos entes que detêm a natureza jurídica de direito público.

Dessa forma, a execução de títulos extrajudiciais contra a Fazenda Pública está disciplinada no art. 910 do CPC.

Continua a haver plena autonomia para o processo de execução contra a Fazenda que decorra de títulos extrajudiciais. O **título extrajudicial** é aquele que não é formado por decisão judicial, mas sim pela vontade das próprias partes que integraram a lide executiva e, por isso, salvaguardadas as formalidades legais, o exequente prescindirá de cognição judicial para satisfazer o direito existente no título.

Nessa execução, a Fazenda será regularmente **citada**, mas não para pagar ou para se sujeitar à penhora, e sim para, no prazo de **trinta dias**, como já ocorria no diploma anterior, oferecer seus **embargos à execução**.

A **citação** deve ser **pessoal** e levada a efeito mediante carga, remessa ou por meio eletrônico, nos termos do art. 183, § 1º do CPC. Esses trinta dias são contados em **dias úteis**, observando-se o que prevê o art. 219 do CPC/2015, mas **não se dá em dobro**, visto que, no caso, cuida-se de prazo específico fixado em lei para a Fazenda

Pública, como indica o art. 183, § 2º, do código. Por fim, que haverão de ser arbitrados honorários nessas execuções, a serem fixados com base no art. 85, § 3º, do CPC/2015.

16.2. EMBARGOS DO DEVEDOR OPOSTOS PELA FAZENDA PÚBLICA NA EXECUÇÃO DE TÍTULOS EXTRAJUDICIAIS

Diferentemente do que ocorre na impugnação ao cumprimento de sentença, prevista no art. 535, **não se tem nos embargos**, segundo se estatui no art. 910, § 2º, **limitação à defesa**, competindo ao ente público alegar qualquer matéria que lhe seria lícito deduzir como defesa no processo de conhecimento.

Quanto ao valor da causa, não precisa ser necessariamente o valor exequendo, mas sim o valor defendido. Se se alega o excesso total, aí sim, deve-se colocar como valor da causa o valor da execução.

A Fazenda Pública já deve indicar, em sua petição de embargos, o **valor que entende como correto, caso alegue excesso de execução**. Isto se dá em decorrência da interpretação que se extrai do art. 910, § 3º e do art. 535, § 2º. A norma do § 3º do art. 910 manda que se aplique, no que couber, o disposto nos arts. 534 e 535. Se o art. 535, § 2º determina que na impugnação ao cumprimento de sentença, por parte da Fazenda, assim se proceda, não poderia ser diferente em sede de embargos oferecidos pela Fazenda na execução de títulos extrajudiciais.

O **efeito suspensivo** dos embargos oferecidos pela Fazenda Pública **persistiu com o CPC/2015**. Não é o caso, portanto, de querer impor à Fazenda a regra do art. 919, § 1º, que deixa o efeito suspensivo a critério do juiz e mediante requerimento e garantia do executado. Não há sujeição dos entes públicos à penhora, depósito ou caução, além do que a expedição do precatório ou da requisição de pequeno valor somente haverá de se dar após o trânsito em julgado dos embargos.

Na eventual hipótese de os embargos ofertados pela Fazenda serem parciais, a execução deve prosseguir em relação à parte não embargada, sendo inclusive possível a expedição de precatório ou requisição de pequeno valor com relação à parcela incontroversa.

Caso os embargos não sejam oferecidos, ou transitando em julgado a decisão que os inadmitir ou rejeitar, aí sim será expedido o competente **precatório ou requisição de pequeno valor**, observando-se as prescrições do art. 100 da Constituição Federal de 1988.

A **rejeição liminar dos embargos ou a sua improcedência** geram decisão com natureza jurídica diversa da rejeição ou não acolhimento da impugnação ao cumprimento de sentença. Nestas, têm-se decisão interlocutória atacável pela via do agravo de instrumento, naquelas está-se diante de **sentença atacável pela via do recurso de apelação**.

▸ Importante

Execução contra a Fazenda Pública

- Citação para oferecer embargos à execução em 30 dias.
- Prazo não dobra.
- Citação pessoa, mediante carga, remessa ou meio eletrônico.
- Embargos possuem efeito suspensivo.
- Se os embargos não forem oferecidos, ou transitando em julgado a decisão que os inadmitir ou rejeitar, expede-se o precatório ou a requisição de pequeno valor.

▸ Como esse assunto foi cobrado em concurso?

Ano: 2017 - Banca: Cespe - Procurador de Fortaleza

No que tange à fazenda pública em juízo, julgue o item subsecutivo.

Se, antes do trânsito em julgado, ocorrer a estabilização da tutela antecipada requerida contra a fazenda pública, decorrente da não interposição de recurso pelo ente público, será possível a imediata expedição de precatório.

Gabarito: Falso

Ano: 2016 - Banca: IADHED - Procurador Municipal de Araguari

Em relação à execução contra a Fazenda Pública, marque a alternativa correta:

a) Na execução fundada em título executivo extrajudicial, a Fazenda Pública será citada para opor embargos em 45 (quarenta e cinco) dias;

b) Nos embargos, a Fazenda Pública poderá alegar qualquer matéria que lhe seria lícito deduzir como defesa no processo de conhecimento;

c) Não opostos os embargos ou transitada em julgado a decisão que os rejeitar, expedir-se-á o mandado de pagamento em favor do exequente, sob pena de bloqueio de valores e repasses destinados a Fazenda Pública;

d) Nos embargos, a Fazenda Pública só poderá alegar as matérias relativas às nulidades e excesso de execução como oposição à execução.

Gabarito: B

Capítulo 17

Execução Fiscal

17.1. CONCEITO E LEGITIMIDADE

Regida pela Lei n. 6.830/80, a **execução fiscal** representa um procedimento especial que **objetiva a execução de título extrajudicial**, qual seja, a **certidão de dívida ativa** - CDA.

Na eventualidade de o devedor ser outro ente público, como por exemplo o Município executando a União por dívidas atinentes à taxa de limpeza pública, dita execução não se dará conforme os ditames da Lei de Execução Fiscal - LEF, mas sim pelo procedimento de execução de títulos extrajudiciais, nos termos do art. 910 do Código de Processo Civil.

Segundo prescreve o art. 2° da LEF, **dívida ativa** é qualquer valor assim definido, de natureza tributária ou não, pela Lei n. 4.320/64. Nos termos do § 1°, qualquer valor cuja cobrança seja por lei atribuída às pessoas jurídicas de direito público também haverá de ser considerado como dívida ativa.

Além dos entes que integram o conceito de Fazenda Pública (União, Estados, Distrito Federal, Municípios e suas respectivas autarquias e fundações de direito público), há outros que possuem também **legitimidade** para promover execuções fiscais, como é o caso dos Conselhos de Fiscalização Profissional, em razão da já falada equiparação às autarquias.

Não é dada, pela previsão legal, atribuição às pessoas jurídicas de direito privado, ainda que integrantes da administração indireta, como é o caso das empresas públicas, para o ajuizamento de execuções fiscais, salvo se atuarem por delegação do ente público, na condição de substitutos processuais, decorrente de negócio processual, como ocorre na hipótese da Caixa Econômica Federal para a execução de débitos de FGTS.

Quanto à legitimidade passiva, esta pertence ao devedor, seus sucessores, ao garantidor ou o responsável, ao espólio ou massa falida. O nome do legitimado passivo deve constar da CDA.

17.2. CERTIDÃO DE DÍVIDA ATIVA

A CDA é, como já dito, o título executivo que viabiliza o ingresso com a execução fiscal, e goza das presunções de certeza e de liquidez, por previsão do art. 3° da Lei de Execução Fiscal.

A **CDA se constitui a partir de um procedimento prévio na seara administrativa**, em que o devedor é notificado para que pague a dívida ou se defenda, de modo a que a inscrição somente se dá na hipótese de não haver se defendido ou de sua defesa ser rejeitada.

Há **requisitos específicos**, que devem estar presentes para se conferir regularidade à CDA, e que melhor auxiliam na identificação do débito. Havendo vício, pode ser emendada ou substituída, desde que se dê até a decisão de primeira instância.

A Súmula 392 do STJ, em razão de dúvida sobre o que seria o momento da decisão de primeira instância, dirimiu a controvérsia, ao indicar que a sentença dos embargos à execução fiscal é o **marco temporal limite para que se dê a alteração do título**.

17.3. COMPETÊNCIA

Na hipótese de o débito a ser executado ser da União ou de outro ente integrante da Fazenda Pública a nível federal, competente será, nos termos do art. 109, I, da Constituição, a **Justiça Federal**.

Sendo crédito de conselho de fiscalização, igualmente será da Justiça Federal a competência, fruto da equiparação com as autarquias, conforme prescreve inclusive a Súmula 66 do STJ.

É possível que se tenha execuções fiscais na **Justiça Eleitoral**, quando for o caso de se executar multas eleitorais. O próprio Código Eleitoral, em seu art. 367, IV, prevê tal atribuição.

Quando se estiver diante de multa imposta pelo Ministério do Trabalho a empregador, a execução fiscal se dará na **Justiça do Trabalho**, por conta da prescrição do art. 114, VII, da Constituição Federal.

Por outro lado, sendo a execução fiscal objeto de ajuizamento dos Estados, Municípios ou suas respectivas autarquias ou fundações públicas, a competência será da **Justiça Estadual**.

No que tange à **competência territorial**, o art. 46, § 5° do CPC/2015 previu que a execução fiscal será proposta no foro do domicílio do executado, no de sua residência ou no do lugar em que for encontrado.

17.4. CITAÇÃO E PENHORA

A citação se dá para que, em **cinco dias**, o **executado pague a dívida ou garanta a execução**, nos termos do art. 8° da LEF. A citação se faz pela **via postal**, e já era assim mesmo antes das alterações que o CPC/2015 trouxe à sistemática da citação nas execuções em geral.

A **citação** será considerada como feita quando da entrega da carta, ou no prazo de dez dias da entrega da carta aos Correios, caso a datada tenha sido omitida no aviso de recebimento. Assim, distingue-se do CPC, visto que neste a citação se concretiza no momento da juntada aos autos do aviso de recebimento.

Caso o aviso de recebimento não chegue em quinze dias da entrega da carta aos Correios, far-se-á a citação por oficial de justiça. Não se concretizando por oficial de justiça, poderá ser utilizada a via editalícia.

O executado pode oferecer **garantia** em dinheiro, fiança bancária ou seguro garantia, bem como nomear bens à penhora ou mesmo indicar outros bens oferecidos por terceiros.

Há uma **ordem de preferência** estabelecida na LEF para a penhora, no art. 11, que é distinta da ordem contida no art. 835 do CPC/2015. Logicamente, admite-se a relativização desse rol, em obediência ao princípio da menor onerosidade da execução.

Feita a penhora, o executado deve ser **intimado**, em regra por publicação na imprensa oficial, direcionada ao advogado do executado.

17.5. INCIDENTE DE DESCONSIDERAÇÃO DA PERSONALIDADE JURÍDICA E EXECUÇÃO FISCAL

A busca do patrimônio pessoal das pessoas físicas, que integram empresas, quer individual ou em sociedades, sempre foi um imenso problema nas execuções, inclusive nas execuções fiscais. Pela regra tradicional de não responder o sócio pelas obrigações da sociedade, sempre foi muito comum se observar situações de verdadeiras fraudes, em que as sociedades devedoras nada possuíam para saldar seus débitos, ao passo em que os sócios tinham seus patrimônios recheados de bens.

Aos poucos, surgiu a teoria da **desconsideração da personalidade jurídica**, de construção doutrinária e aplicação jurisprudencial, que acabou por ser positivada em diversos diplomas legais, dentre os quais o Código de Defesa do Consumidor (Lei 8.078/90, art. 28) e o Código Civil/2002 (art. 50), mas que carecia de regulamentação e disciplinamento na lei processual, o que somente veio a ocorrer com os arts. 133/137 do Código de Processo Civil de 2015.

A desconsideração se configura em incidente processual que pode ser **iniciado por requerimento da parte ou do Ministério Público**. A instauração é dispensável caso seja requerido na inicial, mas, quando instaurado, o incidente suspende o andamento do processo. Dita modalidade de intervenção de terceiros é cabível em qualquer tipo e momento do processo, inclusive se o processo estiver em fase de recurso.

O contraditório se faz imprescindível nesse incidente, valendo tal regra também no que pertine à necessidade de citação de todos os sócios da pessoa jurídica. Sendo requerido o incidente na inicial, deverão ser citados os demais sócios, se for o caso. Assim ocorrendo, o contraditório será exercido na contestação, dispensando-se a realização de incidente autônomo. Caso seja pleiteado em momento posterior, será instaurado o incidente, suspendendo o processo até a decisão, mas se fazendo necessária, da mesma forma, a citação dos eventuais sócios.

A decisão que resolve o incidente tem natureza interlocutória, passível de recurso de **agravo de instrumento**, conforme previsão do art. 1015, IV, do CPC/2015.

Nas execuções fiscais, a aplicação do incidente de desconsideração da personalidade jurídica guarda forte polêmica. Há muitos que defendem a sua não aplicação, notadamente entre aqueles que defendem a Fazenda Pública em juízo. Dentre os argumentos que se colocam, destacam-se: a) o legislador não houve por estabelecer previsão expressa de sua aplicação, como fez em relação aos juizados especiais, no art. 1.062 do CPC/2015; b) o incidente, nos moldes previstos no CPC, suspende o processo e a suspensão da execução fiscal só pode ocorrer após garantia do juízo; c) nos termos da súmula 435 do Superior Tribunal de Justiça, presume-se dissolvida irregularmente a empresa que deixar de funcionar em seu domicílio fiscal, sem comunicação aos órgãos competentes, legitimando o redirecionamento ao sócio-gerente; desse modo, a presunção de dissolução irregular, a verossimilhança da sujeição passiva tributária e o risco de ineficácia do provimento final justificam o contraditório postergado na hipótese; d) no caso do art. 135 do Código Tributário Nacional, a responsabilidade tributária dos sócios é subjetiva, pessoal e direta, de modo que não há, na hipótese, desconsideração da personalidade jurídica nos moldes previstos no Código Civil.

O **enunciado n.º 53** da Escola Nacional de Formação e Aperfeiçoamento de Magistrados – **ENFAM** prevê, acerca do tema, que o redirecionamento da execução fiscal para o sócio-gerente prescinde do incidente de desconsideração da personalidade jurídica previsto no art. 133 do CPC/2015. Assim, firmou-se o entendimento de que a instauração se dispensa para que venha a ocorrer o redirecionamento da execução fiscal.

Há, no entanto, quem defenda a possibilidade de instauração do incidente de desconsideração da personalidade jurídica nas execuções fiscais, sustentando que o incidente se aplica em todas as fases do processo de conhecimento, no cumprimento de sentença e na execução fundada em título extrajudicial, enquadrando-se nesta última a execução fiscal; bem como que o executado na execução fiscal também tem direito ao contraditório. A se seguir esse raciocínio, mesmo no caso do art. 135 do Código Tributário Nacional deveria ser aplicado o incidente, ainda que não haja propriamente desconsideração: se o sujeito não está no título e sua responsabilidade depende de comprovação de elementos subjetivos é necessário o incidente para garantir o contraditório.

O TRF da 3ª Região admitiu, em fevereiro de 2017, incidente de resolução de demandas repetitivas no processo de nº 0017610-97.2016.4.03.0000 para definir se o redirecionamento de execução de crédito tributário da pessoa jurídica para os sócios deve ser levado a efeito nos próprios autos da execução fiscal ou através de incidente de desconsideração da personalidade jurídica, o qual ainda não havia sido ainda julgado até o fechamento da presente edição.

Ao que nos parece, nas hipóteses previstas no art. 135 do CTN, de fato, **não há propriamente desconsideração da personalidade jurídica, posto que a responsabilidade ali prevista é subjetiva, pessoal e direta**, não se configurando a hipótese prevista no art. 50 do Código Civil, revelando-se, portanto, inaplicáveis as regras previstas nos arts. 133/137 do CPC às execuções fiscais em que o redirecionamento da cobrança em relação aos sócios se dá com fundamento no pré-falado art. 135 do CTN.

17.6. OS EMBARGOS DO DEVEDOR NA EXECUÇÃO FISCAL

A defesa na execução fiscal se dará por meio de **embargos à execução**, previstos no art. 16 da LEF, a serem interpostos no prazo de **30 (trinta) dias**. Esse prazo será contado a partir do depósito em dinheiro, caso o devedor tenha se valido desta garantia; a partir da juntada da prova da fiança bancária; ou a partir da intimação da penhora.

A LEF não trata da existência ou não do **efeito suspensivo** nos embargos, de modo que é de se aplicar o art. 919 do CPC/2015, de modo que este pode ser concedido, desde que objeto de requerimento, garantia da execução e estando presentes os requisitos para a tutela provisória.

Da leitura do art. 918, parágrafo único, c/c o art. 77, § 2º, ambos do Código de Processo Civil, fala-se em **conduta atentatória à dignidade da justiça** o oferecimento de embargos manifestamente protelatórios, com multa de até 20% (vinte por cento) do valor do débito.

Evidentemente, tal regra é **extensiva à execução fiscal**, mas imaginar o uso indiscriminado de tal prescrição pode importar em um sério e perigoso cerceamento ao direito de defesa do devedor/contribuinte, quando das execuções que lhe são movidas pela Fazenda Pública.

Há outra contrariedade entre dispositivos do CPC/2015 e a Lei de Execução Fiscal: o art. 876, § 4º do diploma processual e o art. 24, parágrafo único, da Lei 8.030/80.

Nos termos do art. 24, parágrafo único, da Lei de Execução Fiscal, se o preço da avaliação ou o valor da melhor oferta for superior aos créditos da Fazenda Pública, a **adjudicação** somente será deferida pelo juiz se a diferença for depositada, pelo exequente, à ordem do juiz, no prazo de trinta dias.

Por outro lado, o CPC, em seu art. 876, § 4º, previu que se o valor do crédito for inferior ao dos bens, o requerente da adjudicação depositará de imediato a **diferença**, que ficará então à disposição do executado. Nesse caso, também em razão da especialidade, é de se fazer prevalecer o contido na LEF, de modo que persiste o prazo de trinta dias para o depósito da diferença.

17.7. O LEILÃO NA EXECUÇÃO FISCAL

O art. 882 do CPC/2015 indica que o **leilão presencial** somente haverá de ser realizado quando não for possível a sua realização por meio eletrônico. Como não contrasta com nenhum dispositivo da LEF, é de se dizer que dita previsão do CPC deve ser aplicada também às execuções fiscais, de modo que também nesses processos o leilão na forma eletrônica seja a regra.

Defende-se, por igual, que nas execuções fiscais a **alienação por iniciativa particular** possa ser utilizada em detrimento do leilão público, mas desde que haja para tanto interesse do exequente.

Discutiu-se também se o CPC/2015 teria alterado o prazo de antecedência para a publicação do edital de leilão nas execuções fiscais.

Isso porque o art. 22, § 1º, da Lei 6.830/80 estabelece que o prazo entre as datas de publicação do edital e do leilão não pode ser superior a trinta dias e nem inferior a dez dias.

Já o CPC, no art. 887, § 1º, prevê que a publicação do edital deve ocorrer pelo menos cinco dias antes da data marcada para o leilão.

No caso, deve-se respeitar também a especialidade da Lei de Execução Fiscal, de modo que o prazo continua sendo o mínimo de dez dias e o máximo de trinta dias.

O art. 23 da Lei de Execução Fiscal prevê que a alienação de quaisquer bens penhorados deve ser feita em leilão público. Já o art. 879, I, do CPC/2015, prevê que a alienação pode ser feita por iniciativa particular.

Aqui não é de se falar em contrariedade, mas sim em omissão quanto ao ponto na Lei de Execução Fiscal, de modo que nada obsta a aplicação supletiva da regra contida no CPC na hipótese. Assim, pode a Fazenda requerer que a alienação se dê por sua iniciativa, de modo a imprimir maior celeridade e efetividade ao procedimento.

17.8. A PRESCRIÇÃO NAS EXECUÇÕES FISCAIS

A respeito da **prescrição**, o CPC/2015 previu, no art. 487, parágrafo único, que, ressalvada a hipótese de improcedência liminar do pedido, a prescrição e a decadência não serão reconhecidas sem que antes seja dada às partes oportunidade de manifestação, a fim de se evitar uma decisão-surpresa.

Tal previsão parece contrariar o que está indicado no § 5º do art. 40 da Lei de Execuções Fiscais, que prevê que a manifestação da Fazenda será dispensada no caso de cobranças judiciais cujo valor seja inferior ao mínimo fixado por ato do Ministro de Estado da Fazenda.

É de se respeitar, diante de tal contrariedade, o regramento contido na lei especial, no caso, a Lei de Execuções Fiscais, de modo que é o caso de se **dispensar a oitiva prévia da Fazenda para se decretar a prescrição** nesses casos.

No que concerne à **prescrição intercorrente**, a matéria foi regulamentada pelo CPC, no art. 921, §§ 1º ao 5º, cujas regras são similares às previstas no art. 40 da Lei de Execução Fiscal. Há, no entanto, algumas distinções relevantes.

Na execução fiscal, após a determinação de suspensão do processo por não ter sido localizado o devedor ou por não terem sido encontrados bens penhoráveis, será aberta vista dos autos ao representante judicial da Fazenda Pública para manifestação. Decorrido o prazo de um ano, o juiz determinará o arquivamento dos autos e a partir da decisão de arquivamento começa a correr o prazo da prescrição intercorrente. Decorrido o prazo prescricional, o juiz poderá reconhecer a prescrição de ofício, mas deve ouvir previamente a Fazenda Pública.

De acordo com as regras constantes do CPC/2015, também haverá **suspensão do processo** pelo prazo de um ano, caso não seja o executado localizado ou caso não sejam encontrados bens penhoráveis, ficando, nesse período, suspenso o prazo prescricional.

Ocorre que não há intimação do exequente após a determinação de suspensão do processo e do prazo prescricional. Na verdade, nos termos do art. 921, § 4º, se não houver manifestação do exequente no prazo da suspensão (um ano), terá início o curso da prescrição intercorrente, o qual, portanto, inicia-se automaticamente.

Essas normas, inseridas do CPC/2015, não podem ser aplicadas às execuções fiscais, porquanto conflitam com o regramento próprio previsto na Lei 6.830/80, devendo prevalecer o critério da especialidade.

Finalmente, cabe destacar outra diferença entre o tratamento da prescrição intercorrente no CPC e na Lei 6.830/80: nas execuções comuns, antes da decretação da prescrição intercorrente de ofício, o juiz deve ouvir ambas as partes no prazo de 15 dias, enquanto na Lei de Execução Fiscal exige-se apenas a oitiva da Fazenda Pública.

Ou seja, no art. 40, § 4º, da Lei nº 6.830/80, há a exigência de contraditório prévio apenas em relação à Fazenda Pública antes da decretação *ex officio* da prescrição intercorrente pelo juiz, exceto nas hipóteses de cobranças judiciais cujo valor seja inferior ao mínimo fixado por ato do Ministro de Estado da Fazenda (§ 5º).

Com as previsões contidas nos arts. 10 e 921, § 5º, do CPC/2015, entende-se que o **executado também deve ser ouvido antes do reconhecimento da prescrição intercorrente**, posto que as normas em questão não se excluem, mas se complementam, devendo-se privilegiar o contraditório efetivo e permitir também a manifestação do executado na hipótese.

▸ **Importante**

Execução Fiscal

- Certidão de dívida ativa (CDA) é título executivo extrajudicial.
- Citação pela via postal.
- Sendo citado o devedor, tem cinco dias para pagar a dívida ou garantir a execução.
- Embargos à execução fiscal devem ser apresentados em até 30 dias, a partir do depósito, juntada da prova da garantia ou da intimação da penhora.

▸ **Como esse assunto foi cobrado em concurso?**

2017 - CESPE - Procurador de Fortaleza

No que se refere ao cumprimento de sentença e ao processo de execução, julgue o item subsequente.

De acordo com o STJ, embora seja possível a penhora de precatório judicial, essa forma de pagamento não se iguala ao dinheiro, sendo, portanto, legítima a recusa da fazenda pública à garantia por meio de precatório em execução fiscal se, na nomeação de bens a penhora, o executado tiver preterido a ordem legal.

Gabarito: Verdadeiro

2016 - CESPE - Procurador do Estado do Amazonas

Com relação aos procedimentos especiais e ao processo de execução no âmbito do processo civil, julgue o próximo item.

Situação hipotética: O INSS e a fazenda pública do estado do Amazonas ingressaram em juízo com ações executivas contra determinada empresa. Na fase de expropriação de bens, os exequentes indicaram à penhora o único bem imóvel penhorável pertencente à executada. Assertiva: Nesse caso, segundo interpretação do STJ, a fazenda estadual tem preferência quanto aos valores arrecadados com a venda do imóvel penhorado.

Gabarito: Falso

Capítulo 18

Fazenda Pública e Ação Monitória

Desde a introdução da **ação monitória** no ordenamento jurídico brasileiro, em 1995, com a Lei n.º 9.079, já se discutia a legitimidade da Fazenda Pública para compor os polos da relação processual nesse tipo de ação.

Quanto ao **polo ativo**, em regra, é de se **admitir a legitimidade das pessoas jurídicas de direito público**, mas há que se ressalvar que, em algumas oportunidades, a ação revelar-se-á desnecessária, porque a Fazenda Pública dispõe de meios para conferir força executiva a alguns documentos, como ocorre, por exemplo, com a inscrição em dívida ativa, que gera título executivo extrajudicial.

O grande debate girou mesmo em torno da colocação das pessoas jurídicas de direito público no **polo passivo** da ação monitória. De início, eram muitas as vozes contrárias, argumentando-se, dentre outros aspectos, que as especificidades da execução contra a Fazenda impediam a adoção da monitória. Ademais, outro argumento forte era o de que não havia reexame necessário previsto no procedimento monitório que não tivesse embargos, já que o título seria constituído de plano. Como se não bastasse, também se levantava a situação de que é impossível à Fazenda cumprir a ordem de pagamento em 15 (quinze) dias, porque o direito em tela seria indisponível, devendo-se observar a sistemática de precatórios.

Naturalmente, os argumentos da tese contrária foram sendo rejeitados aos poucos, não apenas na doutrina, mas em especial no Poder Judiciário. Dentre outros aspectos, defendeu-se que o pagamento poderia se fazer sem ofensa à sistemática dos precatórios, porque não se estaria cumprindo sentença judicial, sendo o pagamento ato voluntário. Quanto ao reexame necessário, a defesa era no sentido de que tal não seria aplicável no procedimento monitório, que é procedimento especial, portanto distinto do comum.

O **Superior Tribunal de Justiça pacificou o tema**, com a edição da **Súmula 339**. A maior parte dos precedentes indicados pelo referido tribunal superior, limita-se a reproduzir argumentos contidos em julgados anteriores.

O Código de 2015 resolveu a questão do ponto de vista legal, ao prescrever no **art. 700, § 6º**, que é **admissível a ação monitória em face da Fazenda Pública**, ratificando os termos da súmula. De todo modo, garantiu a existência da **remessa necessária, quando não oferecidos os embargos ao mandado monitório**, por conta da previsão do art. 701, § 4º, rechaçando um dos elementos de crítica que os contrários ao cabimento sustentavam na vigência do Código anterior.

Desse modo, vê-se que a Súmula nº 339 está em conformidade com o CPC/2015, nos aspectos formal e material.

> **Importante**
>
> **Ação Monitória e Fazenda Pública**
>
> Com a Súmula 339, o STJ passou a admitir a ação monitória contra a Fazenda Pública.
>
> Art. 700, § 6°, CPC/2015: expressa previsão do cabimento da ação monitória contra a Fazenda Pública.

> **Como esse assunto foi cobrado em concurso?**
>
> **2017 - CESPE - Procurador do Estado do Amazonas**
>
> Com relação aos procedimentos especiais e ao processo de execução no âmbito do processo civil, julgue o próximo item.
>
> É cabível, segundo o STJ, o ajuizamento de ação monitória contra a fazenda pública, com o objetivo de receber nota promissória prescrita, emitida por ente público e vencida há quatro anos.
>
> *Gabarito: Verdadeiro*

Capítulo 19

Fazenda Pública e Desapropriação

19.1. ARCABOUÇO NORMATIVO DA DESAPROPRIAÇÃO

O **direito de propriedade** está constitucionalmente assegurado desde a Constituição de 1824, ainda no período do Império, mas já nela constando a **ressalva da desapropriação**, ressalva esta que esteve presente em todas as Constituições do período republicano.

No art. 5°, inciso XXIV, da **Constituição Federal de 1988**, consta que a lei estabelecerá o procedimento para desapropriação por necessidade ou utilidade pública, ou por interesse social, mediante justa e prévia indenização em dinheiro, ressalvados os casos previstos na Constituição.

Podemos dividir a desapropriação em **ordinária** e **extraordinária**. A ordinária se dá com procedimento em que se garante prévia e justa indenização em dinheiro, dando-se por **necessidade ou utilidade pública**, ou por **interesse social**. Já a **extraordinária**, com **caráter punitivo**, dá-se sem prévia e justa indenização em dinheiro, sendo consequência do **aproveitamento inadequado do solo urbano ou da terra improdutiva**, segundo indicam respectivamente os arts. 182 e 184 da Constituição.

O uso inadequado do solo urbano justifica a desapropriação com pagamento mediante títulos da dívida pública de emissão previamente aprovada pelo Senado, com prazo de resgate de até dez anos, em parcelas iguais e sucessivas, sendo de responsabilidade do Município.

Já a desapropriação contida no art. 184 do texto constitucional, de competência da União, dá-se por interesse social, para fins de reforma agrária, quando o imóvel rural não está cumprindo a sua função social, com a indenização se dando em títulos da dívida agrária, com cláusula de preservação do valor real.

Não há como se ignorar ainda a previsão do art. 243 da Constituição, que indica a existência de uma **expropriação**, pela União, sem indenização ao proprietário e sem prejuízo de outras sanções, pela **identificação de culturas ilegais de plantas psicotrópicas**.

A previsão legal da desapropriação ordinária por necessidade ou utilidade pública está no **Decreto-lei n. 3.365/41**, o qual contém normas gerais sobre desapropriações. A desapropriação ordinária por interesse social está na **Lei n. 4.132/62**.

A desapropriação extraordinária por inadequado aproveitamento do solo urbano se rege pelo **Estatuto da Cidade** (Lei n. 10.257/2001) e pelo Decreto-lei n. 3.365/41. Há um procedimento para tanto. Inicialmente o poder público determina o parcelamento ou a edificação compulsória. Se isso não for atendido, cobra-se IPTU progressivo. Passados cinco anos de cobrança sem o cumprimento da obrigação, tem-se a desapropriação.

No caso da desapropriação extraordinária por terra improdutiva, tem-se a **Lei Complementar n. 76/93**, que dispõe sobre o tema. Finalmente, no caso da expropriação pela cultura ilegal de plantas psicotrópicas, o regramento está contido na **Lei n. 8.257/91**.

Na hipótese de o ente público desapossar um bem particular sem a obediência ao devido processo legal da desapropriação, está-se diante de uma **desapropriação indireta**, de modo a que o particular, deparando-se com o ato ilícito por parte da Administração, tem direito a ser indenizado. A ação de desapropriação indireta é, portanto, uma ação indenizatória.

19.2. DECLARAÇÃO EXPROPRIATÓRIA

A necessidade ou a utilidade pública, ou ainda o interesse social, devem ser objeto de **declaração do poder público**. Tal se dará por meio **de lei** ou de **decreto**.

A declaração, por si só, não modifica a propriedade, de modo que não obsta, enquanto não efetivada a desapropriação, o uso do bem ou a sua disponibilidade.

Para os fins do Decreto-lei n. 3.365/41, a desapropriação judicial para os casos de necessidade ou utilidade pública deve se dar em até **cinco anos**, a partir do decreto, tendo como consequência a caducidade, e a vedação de que, em até um ano, o bem seja objeto de nova declaração.

No caso de interesse social, a Lei n. 4.132/62 prevê que o expropriante tem **dois anos**, a partir da decretação, para efetivar a desapropriação, também sob pena de caducidade. Tal se aplica inclusive nos casos de reforma agrária.

Registre-se que **não basta a propositura** da demanda no prazo, mas a **citação válida** e, no caso do interesse social, as providências de aproveitamento do bem. Ademais, o prazo em questão é de natureza decadencial, de modo que não se suspende e não se interrompe.

19.3. PROCEDIMENTO JUDICIAL

A desapropriação somente pode ocorrer perante **juízes estaduais ou federais**, não sendo possível que se dê perante a Justiça do Trabalho, Militar ou Eleitoral. Sendo proposta pela União, autarquia ou fundação, ou havendo interesse, processar-se-á na Justiça Federal. Não sendo o caso, dar-se-á na Justiça Estadual. Propõe-se no foro da situação do bem.

A **legitimidade ativa**, via de regra, é do ente expropriante, podendo ser da União, do Estado, do Município ou do Distrito Federal. Deve ser proposta contra o proprietário do bem a ser objeto da desapropriação. Havendo dúvida sobre quem seja o proprietário do bem, devem ser citados como litisconsortes passivos todos os que aparentarem ser proprietários. Caso o imóvel objeto da desapropriação for comercial, o locatário pode também figurar no polo passivo, já que será indenizado pela perda do ponto ou fundo de comércio.

No que diz respeito à **resposta do réu**, há apenas que se falar em contestação, **não sendo cabível a reconvenção**. Na contestação, o réu pode alegar o direito de extensão, que consiste no direito de o proprietário exigir que se inclua a parte restante do bem, que se tornou inútil ou de difícil utilização.

Havendo **revelia, não há que se falar no efeito material**, isto é, na presunção de veracidade dos fatos articulados pelo autor, já que não se afasta a necessidade de realização da perícia enquanto meio de prova.

Também **não há que se falar em oposição** na desapropriação, visto que autor e réu não estão a disputar a titularidade do bem.

O expropriante pode pugnar judicialmente pela **imissão provisória na posse**, isto é, para passar a ocupar a posse do bem enquanto tramita o feito judicial. O STJ entende que a imissão somente é possível mediante prévio depósito de valor apurado em avaliação judicial provisória (RESP 181407/SP, STJ, 2ª Turma, Rel. Min. João Otávio de Noronha, j. 15.02.2005, DJ 25.04.2005). Dando-se a imissão provisória, é o caso de averbação no registro de imóveis, de modo a proteger a posse do poder público em relação a terceiros.

A **desistência da ação de desapropriação** pode se dar a qualquer tempo, sem necessidade de anuência da parte contrária, até que se dê a incorporação do bem ao patrimônio do expropriante. Há entendimentos inclusive no sentido de que, mesmo após o trânsito em julgado, é possível a desistência se não se pagou ainda a indenização (RESP 402482/RJ, STJ, 2ª Turma, Rel. Min. Eliana Calmon, j. 26.03.2002, DJ 12.08.2002). Por outro lado, pago o valor, o entendimento é de que não se pode mais desistir, sob pena de afronta à coisa julgada (RESP 187825/SP, STJ, 1ª Turma, Rel. Min. Milton Luiz Pereira, j. 15.02.2001, DJ 28.05.2001).

Já tendo se dado o pagamento do valor objeto da indenização, pode se dar a figura da **retrocessão**, isto é, o expropriante oferece o bem ao expropriado, quando não é dado o destino declarado na declaração expropriatória, com a devolução por este do valor indenizado.

Na ação de desapropriação, são cabíveis todos os **recursos** previstos na legislação processual civil. Quanto à remessa necessária, o Decreto-lei n. 3.365/41 prevê que fica sujeita à **remessa necessária** a sentença que condenar a Fazenda em quantia superior ao dobro da oferecida.

Quanto à participação do **Ministério Público** na condição de fiscal da ordem jurídica, tal se impõe na desapropriação para fins de reforma agrária, sendo o caso de atuação do Ministério Público Federal, já que se processa sempre no âmbito da Justiça Federal.

▸ Importante

Desapropriação

- Ordinária: necessidade ou utilidade pública; interesse social.
- Extraordinária: aproveitamento inadequado do solo urbano ou da terra improdutiva.
- Expropriação pela identificação de culturas ilegais de plantas psicotrópicas.
- Declaração expropriatória: lei ou decreto.
- Ação corre perante a Justiça Estadual ou Federal.
- Não há reconvenção na ação de desapropriação.
- Não há efeito material na revelia.
- Não há oposição na desapropriação.
- É possível se pleitear a imissão provisória na posse.

▸ Como esse assunto foi cobrado em concurso?

2015 - FMP Concursos - MPE/AM

Sobre a desapropriação indireta, assinale a alternativa correta.

a) A jurisprudência dos tribunais superiores consolidou o critério segundo o qual não incidem juros para compensar o que o desapropriado deixou de ganhar com a perda antecipada do imóvel, tampouco para ressarci-lo pelo impedimento do uso e gozo econômico do imóvel.

b) A ação de desapropriação indireta é de natureza indenizatória, de cunho patrimonial, que a vincula ao denominado interesse público primário, cuja titularidade é atribuída à Fazenda Pública.

c) Em regra, a ação de indenização por desapropriação indireta não pressupõe automática intervenção do Ministério Público.

d) É de quinze anos o prazo prescricional aplicável nas ações de desapropriação indireta.

e) Trata-se de um ato administrativo pelo qual o Estado se apropria de bem particular, sem a observância dos requisitos constitucionais da declaração e da indenização prévia.

Gabarito: C

2017 - FADESP - Advogado do COSANPA

Sobre a desapropriação, é possível afirmar que

a) as hipóteses de desapropriação do artigo 5º do Decreto-lei n. 3.365, de 21 de junho de 1941, serão, segundo a doutrina, de necessidade ou utilidade pública a depender somente do critério de urgência que caracteriza o primeiro.

b) a desapropriação de bens do domínio dos Municípios só será realizada pelos Estados ou pela União em Municípios integrantes de Território Federal.

c) os bens desapropriados por interesse social revertem à Administração Pública que o desapropriou para a instalação de novos prédios públicos, visando abrigar a administração fazendária.

d) o contrato de concessão não é instrumento jurídico apto a garantir às concessionárias de serviços públicos a desapropriação por utilidade pública.

Gabarito: A

Capítulo 20

A atuação da Fazenda Pública nos processos de Inventário e Partilha

O **inventário** tem por finalidade a **identificação do patrimônio** do falecido, dos **herdeiros** e eventuais **legatários**, e das **dívidas** a serem pagas, a fim de que, ao final, possa se dar a respectiva **partilha dos bens** remanescentes.

Assim como já ocorria no CPC/73, com as mudanças introduzidas pela Lei n. 11.441/2007, o CPC/2015 previu duas modalidades de inventário, quais sejam, o inventário judicial e o inventário extrajudicial.

O **inventário judicial**, regido pelo art. 610, ocorre em regra quando o falecido deixou testamento ou herdeiro incapaz, ou quando não houve acordo entre os herdeiros quanto à partilha. É judicial porque, nessas hipóteses, necessariamente deverá se dar por meio do Poder Judiciário, representando **procedimento especial de jurisdição contenciosa**.

Já o **inventário extrajudicial** é aquela espécie de inventário realizada **em cartório de notas**, por meio de **escritura pública**, admitido pelo art. 610, § 1°, do CPC, desde que os herdeiros sejam maiores e capazes, que estejam de acordo quanto à partilha dos bens e que o falecido não tenha deixado testamento.

Presentes estas circunstâncias, é importante realçar, **utilizar a via extrajudicial é opção, e não imposição**, sob pena de violação ao princípio do livre acesso à jurisdição, previsto no art. 5°, XXXV, da Constituição Federal. Se os herdeiros forem maiores e capazes e estão de acordo quanto à partilha dos bens, e ainda assim optarem pela via judicial, está-se diante do que se chama de **arrolamento sumário**, que representa **procedimento especial de jurisdição**

voluntária, já que a partilha já é levada pelos herdeiros ao Poder Judiciário para homologação, nos termos do art. 659 do CPC.

A **Fazenda Pública estadual**, por meio de sua **Procuradoria**, atua nos processos de inventário. Primeiramente, realce-se que **possui legitimidade para requerer a abertura do inventário**, não obstante seja pouco comum. Não sendo o caos, será **citada pelo juiz** tão logo o inventariante apresenta as suas primeiras declarações. Assim, a Fazenda pode, caso deseje, **impugnar** as primeiras declarações em 15 dias, nos termos do art. 627 do CPC, normalmente relacionadas ao valor que o inventariante indicou para os bens. A partir daí, a Fazenda, por sua Procuradoria, será intimada para sempre se manifestar, após o cálculo do imposto e também após as últimas declarações.

Sendo o caso de **arrolamento sumário**, não há necessariamente atuação da Procuradoria, mas sim da respectiva **Secretaria da Fazenda, ou de Finanças**, que é **intimada para o lançamento administrativo** do imposto de transmissão e de outros tributos porventura incidentes. Dita atuação se dá quando já homologada a partilha, em momento imediatamente anterior à expedição do formal ou certidão de partilha.

▸ **Importante**

Atuação da Fazenda Pública no inventário/partilha

- Fazenda Pública estadual, por meio de sua Procuradoria, atua nos processos de inventário.
- Pode ajuizar a ação, bem como pode impugnar as primeiras declarações.
- No arrolamento sumário, atuação é da Secretaria da Fazenda ou de Finanças.

Capítulo 21

Mandado de Segurança

Um dos temas mais interessantes, que ultrapassam os limites do próprio direito administrativo, atingindo também o constitucional e o processual, refere-se à análise dos instrumentos jurisdicionais de **controle dos atos praticados pelo administrador público**. Não se deve esquecer que, não obstante a presença desses instrumentos, o controle deve inicialmente ser feito pela própria administração, que detém o poder de rever seus atos eivados de vícios (Súmulas 346 e 473 do STF). A conduta do administrador deve ser pautada pela legalidade e ele, mais do que ninguém, controla a sua atividade e o atendimento à lei e ao sistema jurídico.

Contudo, não exercendo a administração a verificação interna da legalidade, esta deve ser feita pelo Poder Judiciário, por meio dos vários instrumentos jurisdicionais de controle. Este controle, que em regra é posterior, é verificado por meio dos vários instrumentos, dentre os quais o mandado de segurança, a ação civil pública, ação popular, etc.

Assim, o ato discricionário pode ficar sujeito a controle, inclusive por meio do mandado de segurança, quando faltar motivação e desfocar dos princípios constitucionais da administração pública (art. 37 da CF/88). Como exemplo, vale citar hipótese de impetração de MS visando impugnar ato administrativo que transfere servidor público para outro Município. Talvez se pudesse afirmar que tal ato é discricionário, ligado à conveniência e oportunidade. Contudo, mesmo qualificado como tal, deve ser pautado pela motivação e indicação dos motivos determinantes (RMS n. 19.439/MA, Rel. Ministro Arnaldo Esteves Lima, Quinta Turma, DJe de 4.12.2006).

Em regra, o **MS é impetrado contra ato Administrativo omissivo ou comissivo, que venha a violar, ou ameaçar, de direito líquido e certo** (art. 1º, da Lei 12.016/09). Em relação à Lei do MS, deve-se ter atenção em relação especial à redação dos art. 1º, 5º e 7º, que possue elementos como: a) equiparação de autoridade (art. 1º, § 1º); b) b) vedação contra atos de gestão comercial de administradores de empresas públicas, de sociedade de economia mista e de concessionárias de serviço público; c) incabimento quando se tratar de ato administrativo sujeito a recurso com efeito suspensivo, independentemente de caução; de decisão judicial da qual caiba recurso com efeito suspensivo e de decisão judicial transitada em julgado; d) vedação à concessão de liminar (tutela provisória) nos casos de compensação de créditos tributários, entrega de mercadorias e bens provenientes do exterior, reclassificação ou equiparação de servidores públicos e a concessão de aumento ou a extensão de vantagens ou pagamento de qualquer natureza; e) uma vez concedida a liminar, seus efeitos persistirão até a prolação da sentença, salvo se revogada ou cassada.

Por outro lado, com a entrada em vigor do CPC/15, ganhou novo corpo a **discussão do cabimento de MS contra decisão judicial**, tendo em vista que, em muitos casos, os pronunciamentos jurisdicionais provocam apelos não dotados de efeito suspensivo ou mesmo são irrecorríveis de imediato.

Tanto a legislação (art. 5º, II e III, da Lei 12.016/09), como a interpretação dos Tribunais Nacionais se preocuparam com o tema. Há, neste sentido, a necessidade de fazer uma nova interpretação do art. 5º, da Lei 12.016/09, e dos próprios Enunciados 267 e 268 de *Súmula da Jurisprudência Dominante do STF*, que trazem **restrições à utilização do *mandamus*** como instrumento de controle judicial.

Neste cenário introdutório, é possível aduzir que seu cabimento está voltado basicamente ao atendimento de **duas premissas**: decisão irrecorrível de imediato (*ou com recurso sem efeito suspensivo*) e a demonstração de vícios teratológicos no julgado que violem o direito líquido e certo (STJ- AgRg no RMS 46078 / SP - Rel. Min. NAPOLEÃO NUNES MAIA FILHO - 1ª T - J. em 19/08/2014 - DJe de DJe 02/09/2014).

Logo, é **possível afirmar que o MS pode ser impetrado contra pronunciamento judicial irrecorrível (de imediato) ou quando o recurso não possuir efeito suspensivo**, desde que a parte tenha manejado o apelo recursal simultaneamente, com o objeto de evitar a preclusão ou mesmo o trânsito em julgado do *decisum* (STF-MS 26.394-AgR/DF, Rel. Min. Ayres Britto).

O **legitimado** tradicional deste MS é a parte que pretende discutir a suposta violação ao seu direito líquido e certo em decorrência da decisão em demanda judicial que esteja envolvido. Contudo, **nada impede que seja impetrado por terceiro atingido** pelo pronunciamento judicial (STJ- AgInt no RMS 51392 / SP - Rel. Min. Antônio Carlos Ferreira - 4ª T - J. em 29/08/2017 - DJe de 05/09/2017).

Aliás, o Enunciado 202 de Súmula da Jurisprudência dominante do STJ consagra que: "*a impetração de segurança por terceiro, contra ato judicial, não se condiciona à interposição de recurso*". Vale repisar, portanto, que o móvel do MS será apenas a manutenção de sua condição de terceiro na demanda originária e a proteção jurídica em relação aos efeitos decorrentes da decisão judicial, mesmo se transitada em julgado.

O CPC/15 esvaziou o cabimento irrestrito de recurso imediato contra as interlocutórias de 1º grau, gerando, com isso, a necessidade de redimensionar o papel do recurso de apelação, do agravo de instrumento e também do Mandado de Segurança, ao consagrar: i- maior restrição ao recurso de agravo de instrumento (art. 1015, do CPC/15), ii- extinção do agravo retido, iii- revisão do conceito de preclusão, iv- ampliação do efeito devolutivo por profundidade do recurso de apelação (art. 1009, § 1º, do CPC/15); v- o encerramento do juízo de admissibilidade da apelação pelo órgão de 1º grau (art. 1010, § 3º, do CPC/15); vi- a possibilidade de apresentação de incidente preparatório de efeito suspensivo ao recurso - IES (arts. 995, parágrafo único e 1012, § 3º, do CPC/15).

É razoável aduzir que a legislação processual geral a discussão quanto ao cabimento de MS nos casos de concessão de efeito suspensivo ou ativo ao AI (art. 1019, I, do CPC/15), como medida de apoio ao agravo interno (art. 1021, do CPC/15 - STJ - MS 9003/SP - Rel. Min. HAMILTON CARVALHIDO - Corte Especial - J. em 01/08/2003 - DJ de 08/09/2003 p. 214).

▸ Importante

Mandado de Segurança

Tradicionalmente é utilizado como instrumento de controle de ato oriundo do Poder Público.

A Lei 12.016/09 e a interpretação dos tribunais restringem o seu cabimento contra ato judicial (Enunciados 267 e 268 de Súmula da Jurisprudência Dominante do STF)

Com o CPC/15 e a restrição da recorribilidade imediata das decisões interlocutórias (art. 1015), há entendimentos favoráveis ao cabimento de MS para as hipóteses não previstas neste dispositivo.

▸ Como esse assunto foi cobrado em concurso?

Ano: 2015 - Banca: FGV - Órgão: TCE-RJ - Prova: Auditor Substituto

O mandado de segurança:

a) é admissível para cobrança de dívida líquida e certa;
b) sendo ação constitucional, admite qualquer meio de prova indispensável para a parte demonstrar a ilegalidade ou abuso de poder;
c) pode ser impetrado pelo ofendido, sem necessidade de representação por advogado, à semelhança do que ocorre no caso de habeas corpus;
d) é admissível contra omissão ilegal ou abusiva de autoridade pública ou de agente de pessoa jurídica no exercício de atribuição do Poder Público;
e) não é admissível contra decisão judicial.

Gabarito: D

Ano: 2016 - Banca: FCC - Órgão: SEGEP-MA - Prova: Procurador do Estado

O mandado de segurança

a) sujeita-se ao prazo prescricional de cento e vinte dias, contados da ciência, pelo interessado, do ato impugnado.
b) pode substituir ação de cobrança se a dívida for líquida e certa.
c) coletivo não induz litispendência para as ações individuais, mas os efeitos da coisa julgada não beneficiarão o impetrante a título individual se não requerer a desistência de seu mandado de segurança no prazo legal.

d) poderá ser impetrado contra decisão judicial transitada em julgado, para defesa de direito líquido e certo, se não houver fundamento para a ação rescisória.

e) não poderá ser renovado, ainda que dentro do prazo decadencial, se houver decisão denegatória anterior, apreciando lhe ou não mérito.

Gabarito: C

Capítulo 22

Ação Popular

Esta ação, prevista na **Lei 4.717/65**, tem por **objetivo a intervenção judicial visando à anulação ou decretação de nulidade de atos lesivos ao patrimônio público** da União, Estados, Distrito Federal e Municípios, além dos outros entes indicados no art. 1º.

A leitura do seu texto se torna obrigatória. Assim como as demais ações constitucionais, objetiva a discussão da nulidade dos atos administrativos, com restrições em relação à análise do mérito dos atos praticados pelos gestores públicos (STJ - AgInt no AgInt na SLS 2.240-SP, Rel. Min. Laurita Vaz, por unanimidade, julgado em 7/6/2017, DJe 20/6/2017).

Algumas questões procedimentais merecem destaque:

- São nulos os atos lesivos ao patrimônio público nos casos de incompetência, vício de forma, ilegalidade do objeto, inexistência dos motivos e desvio de finalidade.

- A **competência** é fixada de acordo com a origem do ato impugnado (art. 5º). Assim, esta ação pode ser proposta na Justiça Estadual/Distrital ou mesmo na Justiça Federal, a depender do ato impugnado e da autoridade a figurar no polo passivo.

- Nos casos em que o feito interessar à União e a outra pessoa ou entidade, a competência é da Justiça Federal.

- A **responsabilidade é pessoal daquele que praticou o ato e seus beneficiários diretos**, em litisconsórcio necessário (simples ou unitário), nos termos do art. 6º.

- Há a necessidade de **citação da pessoa jurídica de direito público ou privado, cujo ato está sendo discutido judicialmente**. A intervenção no feito é variável e dependerá da análise a ser feita do caso concreto. O que importa é a citação da pessoa jurídica, inclusive para fins de alcance da coisa julgada, variando a intervenção entre: a) simplesmente se abster de contestar; b) contestar (figurando no polo passivo) e defender o ato impugnado; c) atuar no polo ativo, desde que se afigure útil ao interesse público (art. 6º, § 3º).

- Importante notar as variações em relação à **legitimidade ativa e passiva**: a) autor popular propõe a demanda; b) pessoa jurídica pode atuar ao seu lado; c) qualquer cidadão pode habilitar-se como litisconsorte ativo (art. 6º, § 5º); d) Ministério Público deve acompanhar a ação, apressando a produção de provar e promovendo a responsabilidade civil ou criminal dos envolvidos (art.6º, § 4º); e) em caso de desistência, é assegurado a qualquer cidadão ou ao Ministério Público promover o prosseguimento da ação, o que pode influenciar nos fenômenos da conexão ou continência em relação à eventual ação civil pública em tramitação com o mesmo objeto.

- Há a necessidade de análise quanto ao eventual conflito de competência, nos casos da Justiça Federal e Estadual, entre ações civis públicas e populares (STJ - CC 144922 / MG - Ministra DIVA MALERBI (DESEMBARGADORA CONVOCADA TRF 3ª REGIÃO) - 1ª Seção - J. em 22/06/2016 - Dje de 09/08/2016). A competência da Justiça Federal em razão da pessoa e incide a Súmula 150/STJ, "compete à Justiça Federal decidir sobre a existência de interesse jurídico que justifique a presença no processo, da União, suas autarquias ou empresas públicas". Portanto, apenas a Justiça Federal pode apreciar se a competência é sua ou não, em decorrência da presença, por exemplo, do Ministério Público Federal.

- A **sentença terá eficácia erga omnes**, salvo em caso de improcedência por insuficiência de prova.

- A **remessa necessária ocorre em caso de improcedência** (art. 19). Há, portanto, inversão em relação a hipótese de remessa que, pelo sistema processual comum, é prerrogativa da fazenda pública, enquanto na popular está ligado ao interesse público que, presumidamente, está no polo ativo da relação processual.

▸ Importante

Ação Popular

Objetiva a discussão da nulidade dos atos administrativos, com restrições em relação à análise do mérito dos atos praticados pelos gestores públicos (STJ - AgInt no AgInt na SLS 2.240-SP, Rel. Min. Laurita Vaz, por unanimidade, julgado em 7/6/2017, DJe 20/6/2017).

É necessária a citação da pessoa jurídica de direito público ou privado, cujo ato está sendo discutido judicialmente. A intervenção do ente público no feito é variável entre: a) simplesmente se abster de contestar; b) contestar e defender o ato impugnado; c) atuar no polo ativo, desde que se afigure útil ao interesse público (art. 6º, § 3º, da Lei 4.717/65).

A sentença, em regra, tem eficácia *erga omnes* e está sujeita à remessa necessária em caso de improcedência.

▸ Como esse assunto foi cobrado em concurso?

Aplicada em: 2016 Banca: CESPE Órgão: TCE-SC Prova: Auditor Fiscal de Controle Externo - Direito

A respeito do mandado de segurança, da ação popular e da ação de improbidade administrativa, julgue o item subsequente.

De acordo com o STJ, o juiz pode determinar, na ação popular, a anulação do ato lesivo ao patrimônio público, sendo-lhe vedado, entretanto, determinar o ressarcimento, o que exige instrução probatória em processo de conhecimento.

Gabarito: Falso

Aplicada em: 2016 - Banca: TRF - 3ª REGIÃO - Órgão: TRF - 3ª REGIÃO - Prova: Juiz Federal Substituto

Assinale a opção correta, a respeito das ações coletivas.

A) Ao contrário do que se verifica em uma ação popular, é incabível a remessa oficial de sentença que, em ação de improbidade administrativa, julga improcedente o pedido, diante de ausência de previsão legal expressa e porque tal hipótese não se subsome às previstas no art. 475 do CPC.

B) No que concerne ao prazo prescricional aplicável às ações civis públicas que visam à proteção coletiva de consumidores, diante da lacuna existente na Lei da Ação Civil Pública e no Código de Defesa do Consumidor, deve-se aplicar o prazo prescricional de dez anos disposto no art. 205 do Código Civil.

C) No que concerne à ação popular, se o autor desistir da ação ou der motivo à absolvição da instância, serão publicados editais nos prazos e condições previstos em lei, ficando assegurado apenas ao representante do Ministério Público, dentro do prazo de 30 (trinta) dias da última publicação feita, promover o prosseguimento da ação.

D) No que concerne à ação popular, a sentença que, apreciando o fundamento de direito do pedido, julgar a lide manifestamente temerária, condenará o autor ao pagamento do quíntuplo das custas.

Gabarito: A

Aplicada em: 2015 - Banca: CESPE - Órgão: DPE-RN - Prova: Defensor Público Substituto

Assinale a opção correta no que diz respeito à ação popular.

A) A competência para processar e julgar ação popular proposta contra o presidente da República é do STF.

B) O menor de dezesseis anos pode propor ação popular, mas, para fazê-lo, tem de ser assistido em juízo.

C) De acordo com o entendimento do STJ, o cidadão autor de ação popular tem de residir no domicílio eleitoral do local onde for proposta a ação, sob pena de indeferimento da inicial.

D) A execução de multa diária por descumprimento de obrigação fixada em medida liminar concedida em ação popular independe do trânsito em julgado desta ação, conforme posição do STJ.

E) A jurisprudência do STJ vem admitindo o emprego da ação popular para a defesa de interesses difusos dos consumidores.

Gabarito: D

Capítulo 23

Ação Civil Pública

Assim como a Ação Popular, a Ação Civil Pública é importante **instrumento de proteção aos interesses transindividuais**, cujos legitimados estão consagrados no art. 5º da Lei nº 7.347/85.

Por meio dessas ações coletivas, o autor não defende interesse próprio, mas interesses difusos ou coletivos, que dizem respeito à toda a coletividade ou a um grupo determinado, tornando mais efetiva a prestação jurisdicional, ao mesmo tempo em que se prestigia o princípio da instrumentalidade do processo e da economia processual. Nesse rol se inserem, v.g, a Ação Popular, o Mandado de Segurança Coletivo e a Ação Civil Pública.

A **distinção entre interesses difusos e coletivos** ficou bastante facilitada pelo Código de Defesa do Consumidor (CDC - Lei 8.078/90), que definiu, em seu art. 81, parágrafo único, incisos I a III, os conceitos.

Interesses difusos, mesmo com eventuais divergências doutrinárias, são os interesses "transindividuais, de natureza indivisível, de que sejam titulares pessoas indeterminadas e ligadas por circunstâncias de fato" (art. 81, parágrafo único, I do CDC). Aliás, oportuno é mencionar que difusos são os interesses de grupos menos determinados, sem vínculo jurídico ou fático preciso.

No que respeita aos **interesses coletivos**, são os "transindividuais de natureza indivisível de que seja titular grupo, categoria ou classe de pessoas ligadas entre si ou com a parte contrária por uma relação jurídica base (art. 81, parágrafo único, II).

Já os **interesses individuais homogêneos**, são "assim entendidos os decorrentes de origem comum" (art. 81, parágrafo único, III).

O objeto da Ação Civil Pública está previsto no art. 3º, da Lei 7.347/85 que, em conjunto com a leitura do seu art. 1º, gera a seguinte conclusão: ela tem como **fundamento maior o retorno ao *status quo ante*.** Ora, se ela for proposta em vista da poluição de um rio, logo, como forma de proteção ao meio ambiente que está sendo violado pelo chamado *poluidor-pagador*, o mais correto seria a condenação deste poluidor ao ressarcimento dos danos ambientais, nos exatos termos em que abalou e feriu o interesse difuso. Isso nem sempre poderá ocorrer na prática, posto que na maioria das vezes se torna impossível recuperar todas as espécies animais e vegetais que foram atingidas.

Em vista desse fato e pela impossibilidade de execução específica da obrigação de fazer, é que a legislação pátria permite que haja a chamada *execução por transformação*, impondo ao réu a obrigação de suportar um ônus pecuniário substitutivo da obrigação de fazer anteriormente consignada.

De outro prisma, é dever observar que a soma em dinheiro advindo da condenação é depositada em um Fundo, previsto no art. 13 da lei em comento.

Em relação à **legitimidade ativa**, ao se observar o art. 5º da Lei 7.347/85, verifica-se que a própria legislação consagrou a legitimidade através do instituto da **legitimação extraordinária** por substituição processual ao Ministério Público, à Defensoria Pública e às pessoas jurídicas estatais, autárquicas e paraestatais, assim como às associações destinadas a proteção do meio ambiente ou à defesa do consumidor (art. 5º).

Por outro lado, caso o Órgão Ministerial venha a se convencer da inexistência de fundamento para a propositura da ação, pela inexistência do dano, promoverá o arquivamento dos autos remetendo os mesmos para a análise do Conselho Superior da Instituição (art. 9º da lei). Ora, mas as demais entidades não ficam submetidas a esse juízo de valor, tendo em vista que podem promover a demanda independente da atuação de outro colegitimado.

O caso em questão é de legitimação concorrente e disjuntiva — reitera-se — com a permissiva legal do próprio CPC. Assim, mesmo se o MP decidir arquivar o inquérito por achar que não houve dano passível de uma ACP, qualquer dos colegitimados poderá propô-la, sob o mesmo argumento, não ficando vinculado ao entendimento do Órgão Ministerial.

No que respeita a **legitimidade passiva**, abrange a todos os responsáveis pelas situações ou fatos ensejadores da ação, sejam pessoas físicas ou jurídicas, inclusive os entes estatais e paraestatais, porque tanto estes quanto aqueles podem praticar atos que infrinjam e comprometam o ordenamento jurídico em vigor, sujeitando-se ao fim sancionatório da legislação.

Vale, assim como suscitado no item anterior, aduzir que **não há litispendência entre a Ação Civil Pública e a Ação Popular**. Ora, as razões para essa afirmação são várias, mas pode-se trazer à colação apenas duas: A) a própria Lei 7.347/85, em seu art. 1º, já afirma que a ação civil pública será cabível, independentemente da propositura da ação popular; B) para que se reconheça a litispendência é necessária a identidade de ações nos três elementos (partes, pedido e causa de pedir). Assim não há litispendência entre as duas ações, posto que na AP, o legitimado ativo é o cidadão (art.1º da Lei da Ação Popular), já na Ação Civil Pública a legitimação extraordinária não é do cidadão, mas das associações e Órgãos do art. 5º da LACP.

Arremata-se, portanto, que a ACP pode ser proposta independentemente e juntamente com a AP. Ademais, o campo de incidência da ACP é bem maior do que o da AP, pelo que se pode verificar pela comparação das Leis 7.347/85 e 4.717/65.

Por fim, no que respeita aos Entes Estatais (Estados, União e Municípios), esta ação tem um importante compromisso de salvaguardar os interesses de toda a sociedade, devendo, portanto, se evitar o uso desse remédio para fins particulares ou políticos.

Destarte, esse é um fator importante a salientar, pois na prática, já se constatou a utilização desse remédio constitucional para, sob a tese de ser interesse público, defender interesse altamente particular, de cunho político, o que é um fato que se deve lamentar, tendo em vista a total distorção de seu objetivo.

Em relação à **competência para a Ação Civil Pública**, a regra de determinação da competência determina-se pelo art. 2º da LACP, consagrando o **foro do local do dano, cujo juiz terá *competência funcional* para processar e julgar a causa**.

Evidentemente que, quando o dano iminente ou concreto chegue a atingir mais de uma Comarca, a fixação do foro competente será atribuída pela prevenção, nos termos e pelas regras apontadas pela legislação processual civil comum e no Código de Defesa do Consumidor (art. 93). Ademais, quando houver interesse dos entes de direito público interno do âmbito federal (União, Autarquias e entidades paraestatais - com exceção da sociedade de economia mista), como autoras, rés, assistentes ou opoentes, o foro será o da Justiça Federal do Distrito Federal ou da Capital do Estado, tendo em vista que nesse caso de conflito de normas prevalece a fixação dada pela norma hierarquicamente superior (art. 109, I da CF/88).

Por fim, se os danos extravasarem para mais de um Estado, aplica-se a regra do art. 102, I, "f" da Constituição Federal, o mesmo ocorrendo nos casos de conflito entre a União e os Estados. De fato, a competência nessas hipóteses será do Supremo Tribunal Federal.

Caso um dano venha atingir várias comarcas, a competência será determinada por prevenção. Mas caso esses mesmos danos alcancem o território de mais de um Estado-Membro, o foro competente para apreciar a demanda será o da justiça federal, ressalvadas as hipóteses de competência originária do STF (art. 102, I, "f" da CF/88).

Por fim, em relação à **coisa julgada na Ação Civil Pública**, vale transcrever o art. 6º, de sua legislação, com regramento semelhante ao da Ação Popular, a saber: "a **sentença civil fará coisa julgada *erga omnes***, exceto se a ação for julgada improcedente por insuficiência de provas, hipótese em que qualquer legitimado poderá intentar outra ação com idêntico fundamento, valendo-se de outra prova".

Aqui, verificando a coisa julgada no aspecto ora examinado, percebe-se que o referido diploma legal seguiu a tradição do direito pátrio. Ora, se o pedido é julgado improcedente por insuficiência de provas, não se estará analisando o mérito da pretensão, razão pela qual fará apenas a coisa julgada formal, e qualquer dos legitimados do art. 5º poderá renovar a ação com idêntico fundamento, utilizando-se de nova prova.

Nesse particular, andou bem a LACP ao permitir que a proteção aos interesses difusos não fique prejudicada apenas pela utilização de uma prova ineficaz ou inadvertidamente trazida à baila por seu autor. O interesse a ser protegido é ultrapassado para além daquele substituto processual, razão pela qual outra ação poderá ser proposta para igual proteção.

Contudo, caso a pretensão seja julgada improcedente por motivo outro, com a análise do mérito, estar-se-á diante do fenômeno da **coisa julgada material**, impossibilitando nova propositura de ação civil pública com idêntico fundamento, como ocorre, v.g. no caso de uma ação julgada improcedente pela inexistência de danos ao meio ambiente.

Por outro lado, a legislação pertinente ao problema da coisa julgada em matéria de defesas de **interesses metaindividuais**, em especial as Leis 7.347/85 e 8.078/90 tratam da problemática dos limites subjetivos da coisa julgada.

Com efeito, a LACP prevê a **eficácia *erga omnes*** das ações civis quando: a) são julgadas improcedentes analisando-se o mérito da pretensão; b) são julgadas procedentes.

Em razão da grande abrangência da ação civil pública, é necessário indicar precedentes importantes enfrentados pelo Superior Tribunal de Justiça:

- **Legitimidade ad causam do Ministério Público** para pleitear, em demandas contendo beneficiários individualizados, tratamento ou medicamento necessário ao tratamento de saúde desses pacientes. (ProAfR no REsp 1681690 / SP - Rel. Min. OG FERNANDES - 1ª Seção - J. em 25/10/2017 - DJe 07/11/2017).
- Ação Civil Pública visando à **judicialização do direito à saúde**, que se encaixa no rol de direitos individuais indisponíveis, mesmo quando proposta em favor de pessoa isolada (AgInt no REsp 1632154 / MG - Rel. Min. GURGEL DE FARIA - 1ª T - J. em 27/06/2017 - DJe 01/09/2017).
- **Legitimidade extraordinária** das associações (AgRg no REsp 1368905 / RS Rel. Min. HERMAN BENJAMIN - 2ª T - J. em 25/10/2016 - DJe de 08/11/2016).
- Legitimidade ativa do Ministério Público Federal em caso de **fornecimento de medicamento** e responsabilidade solidária

dos entes públicos (REsp 1520824 / ES - Rel. Min HERMAN BENJAMIN - 2ª T _ J. em 13/09/2016 - Dje de 07/10/2016). Ver também STJ - AgRg no AREsp 598126-PE

- No âmbito do Direito Privado, é de cinco anos o **prazo prescricional** para ajuizamento da execução individual em pedido de cumprimento de sentença proferida em Ação Civil Pública (REsp 1273643/PR, Rel. Ministro SIDNEI BENETI, SEGUNDA SEÇÃO, J. em 27/02/2013, DJe 04/04/2013).
- **Dano ambiental tem natureza propter rem** (REsp 1622512/RJ, Rel. Ministro HERMAN BENJAMIN, 2ª T, J. em 22/09/2016, DJe 11/10/2016). Ver também REsp 948921 / SP - Rel. Min. HERMAN BENJAMIN - 2ª T- J. em 23/10/2007 - Dje de DJe 11/11/2009).
- Em ação civil pública, a formação de **litisconsórcio ativo facultativo** entre o Ministério Público Estadual e o Federal depende da demonstração de alguma razão específica que justifique a presença de ambos na lide (REsp 1.254.428-MG, Rel. Min. João Otávio de Noronha, 3ª T. J em 2/6/2016).
- **Princípio da precaução e inversão do ônus da prova** (REsp 1060753/SP, Rel. Ministra ELIANA CALMON, 2ª T, DJe 14/12/2009).
- **Sentenças coletivas genéricas e a inexistência de limitação territorial** do órgão que a proferiu (AgInt no REsp 1664620/PR - Rel. Min. MARCO AURÉLIO BELLIZZE - 3ª T - J. em 17/08/2017 - Dje de 31/08/2017).

▸ **Importante**

Ação Civil Pública

Em relação à legitimidade extraordinária ativa, a própria legislação consagrou sua utilização pelo Ministério Público, à Defensoria Pública e às pessoas jurídicas estatais, autárquicas e paraestatais, assim como às associações destinadas a proteção do meio ambiente ou à defesa do consumidor (art. 5º, da Lei 7.347/85).

Caso o representante do Ministério Público se convença da inexistência de fundamento para a propositura da ação, pela inexistência do dano, promoverá o arquivamento dos autos remetendo os mesmos para a análise do Conselho Superior da Instituição (art. 9º da lei da ACP).

A competência funcional está prevista no art. 2º, da Lei da ACP.

A correta compreensão da competência passa pela análise do art. 2º, da Lei da ACP, do art. 109, I e 102, I, *f*, da CF/88 e art. 93, do CDC.

A Lei da ACP prevê a eficácia *erga omnes* das ações civis quando: a) são julgadas improcedentes, com análise do mérito; b) são julgadas procedentes.

▸ Como esse assunto foi cobrado em concurso?

Aplicada em: 2017 – Banca: VUNESP – Órgão: Prefeitura de São José dos Campos – SP – Prova: Procurador

Em relação à ação civil pública em matéria ambiental, assinale a alternativa correta.

a) Tem legitimidade para propor a ação civil pública, dentre outros, a associação que esteja constituída há pelo menos dois anos, nos termos da lei civil.

b) O Ministério Público poderá instaurar, sob sua presidência, inquérito civil, ou requisitar de qualquer organismo público ou particular, certidões, informações, exames ou perícias, no prazo que assinalar, o qual não poderá ser inferior a 10 (dez) dias úteis.

c) Em qualquer hipótese de desistência ou abandono da ação por associação legitimada, o Ministério Público assumirá a titularidade ativa.

d) Há litisconsórcio necessário entre os Ministérios Públicos da União, do Distrito Federal e dos Estados na defesa dos interesses e direitos de que cuida a lei de ação civil pública.

e) Deixando o Conselho Superior do Ministério Público de homologar a promoção do arquivamento, os autos retornarão ao Ministério Público de origem para ajuizamento da ação civil pública.

Gabarito: B

Aplicada em: 2017 – Banca: CESPE – Órgão: MPE-RR – Prova: Promotor de Justiça Substituto

Um empresário individual vinha praticando atos potencialmente causadores de danos ao meio ambiente. Em razão disso, determinada associação, constituída havia mais de um ano e entre cujas finalidades institucionais constava a proteção do meio ambiente, celebrou com o referido empresário termo de ajustamento de conduta às exigências legais, mediante cominações.

Nessa situação hipotética, conforme a Lei n.º 7.347/1985, o referido termo de ajustamento de conduta

a) deveria ter sido celebrado junto a órgão público legitimado.

b) é válido e terá eficácia de título executivo judicial.

c) é válido e terá eficácia de título executivo extrajudicial.

d) deveria ter sido celebrado junto ao MP.

Gabarito: A

Capítulo 24

Suspensão de liminar, de tutela antecipada e de segurança

O pedido de suspensão (de liminar, de efeitos da sentença e da própria ordem contida no mandado de segurança) trata-se de **prerrogativa da Fazenda Pública** e, em alguns casos, do Ministério Público, e está ligado diretamente à continuidade das atividades administrativas e da preponderância do interesse público.

No âmbito do procedimento do pedido de suspensão (*geral - lei 8.437/92, das liminares e sentenças no mandado de segurança - Lei 12.016/09 e nas decisões em ação civil pública - Lei 7.347/85, art. 12, § 1º*) a incongruência/inconstitucionalidade iniciou com as seguidas reedições de medidas provisórias até o *congelamento* das modificações advindas da Medida Provisória 2.180-35. O Pedido de Suspensão é instrumento voltado a **impedir o início de eficácia imediata da liminar, da sentença ou mesmo do acórdão**, desde que a situação concreta se enquadre em um dos permissivos previstos no art. 15 da Lei 12.016/09, art. 4º, da Lei 8.437/92, art. 12, § 1º, da Lei 7.347/85.

Interessante destacar, desde logo, que a Suspensão **pode ser pleiteada independentemente e/ou na concomitância do recurso eventual cabível contra a decisão mandamental**, configurando-se, na prática, outra *chance* de suspender o cumprimento da ordem judicial.

Nada impede, quer por força do efeito suspensivo concedido no recurso de agravo e/ou apelação, quer pelo deferimento liminar do pedido de suspensão, possa a PJDP suspender *judicialmente* a ordem judicial concedida no procedimento mandamental. Trata-se de efeito suspensivo *judicial*, concedido mediante interpretação do caso concreto pelo Presidente do Tribunal Competente.

Por outro lado, não se pode esquecer que existem situações em que figura o já mencionado ***efeito suspensivo legal***, afastando, de um lado, o cabimento de liminar no mandado de segurança e, de outro, a eficácia imediata da decisão final (sentença ou mesmo acórdão).

De fato, mediante conceitos vagos e indeterminados, a lei 12.016/09 consagra não só a **restrição ao cabimento de liminar** no mandado de segurança *"a compensação de créditos tributários, a entrega de mercadorias e bens provenientes do exterior, à reclassificação ou equiparação de servidores públicos e a concessão de aumento ou extensão de vantagens ou pagamento de qualquer natureza"* (art. 7º, 2º), mas também acaba por consagrar que *todos os recursos* interpostos pela Fazenda Pública têm efeito suspensivo, *ex vi* arts. 14, § 3º.

Nestes casos, é possível observar o esvaziamento do poder do magistrado do feito de proferir decisões com eficácia imediata, ocorrendo o *cumprimento* apenas após o trânsito do julgado.

Logo, **o campo de incidência** do pedido de suspensão está adstrito às situações não enquadradas nas restrições legais, onde a eficácia imediata da decisão judicial acaba por desafiar a tentativa de obtenção do *efeito suspensivo judicial*, mediante a apresentação do incidente de competência da Presidência do respectivo tribunal.

Outras legislações que consagram o pedido de Suspensão: art. 25 da Lei 8038/90 (código de defesa do consumidor), Lei 9.494/97 (art. 1º), 9.507/97 (art. 16), Lei 8.038/90 (art. 25), bem como nos regimentos internos do STJ e STF.

No que respeita à sua natureza jurídica, por várias razões este pedido de suspensão **não pode ser caracterizado como recurso**. A uma, porque falta previsão legal envolvendo prazo, preparo e distribuição. A duas, tendo em vista que seu *móvel inicial* não é reformar ou anular a sentença. A três, pois a legitimidade é tão-somente da PJDP e a autoridade que irá apreciá-lo é o presidente do tribunal competente.

O **pronunciamento judicial** proferido pela presidência na apreciação do pedido de suspensão também deve ser de *ordem jurídica*, em que pese não ser instrumento para *apreciação de eventual erro do julgado.* Portanto, não é recurso, por todas as observações apontadas, nem mesmo medida administrativa de competência do Presidente do Tribunal, mas um incidente processual de natureza jurisdicional, inclusive sujeitando a decisão que o apreciar a recurso para o Órgão colegiado.

Na prática, pode-se aduzir que este incidente **acaba funcionando como medida acautelatória** visando impedir o começo ou a continuidade dos efeitos das decisões causadoras de danos ao interesse público.

Após estas observações quanto a natureza jurídica do instituto, cumpre enfrentar as hipóteses legais para o cabimento do incidente. Os conceitos de **grave lesão à *ordem, saúde, economia* e *segurança públicas*** podem ser reputados como indetermináveis. Não se pode deixar de afirmar, todavia, que o cabimento apenas atinge hipóteses diferenciadas, provocando *análise restritiva*, sob pena do instituto se transformar em regra prática, o que seria um absoluto desvio de finalidade.

Os conceitos estão intimamente relacionados aos do interesse público diferenciado, a provocar intervenção da presidência do tribunal competente. A interpretação do *grave*, necessariamente passa pela análise do princípio da proporcionalidade, consagrando o cabimento do incidente apenas naquelas situações que realmente podem gerar o comprometimento real, concreto e objetivo do interesse público em discussão.

Ademais, a *grave lesão* também pode ser observada quando há risco de irreparabilidade grave e *in natura*, ou mesmo nos casos do chamado efeito multiplicador - efeito cascata (ampliação do teor da decisão para situações sucessivas que, na somatória, podem gerar risco de dano irreversível ao interesse público).

Outras lesões, que não ensejam a qualificadora de excepcional (grandes proporções), não legitimam a apresentação do SS, inclusive podendo este ser rechaçado liminarmente pelo presidente do tribunal.

Na interpretação do conceito de **grave lesão à ordem** pública deve ser verificado o grave risco de transtornos de grande monta à ordem administrativa em geral e à normal execução de serviços públicos, como nos casos de suspensão de concursos públicos, licitações, etc.

Por outro lado, o cabimento do pedido de suspensão fundado no conceito de *grave lesão à saúde pública*, também deve provocar interpretação restritiva, evitando-se que a proliferação de pedidos de suspensão nesse particular aspecto possa violar direito dos impetrantes.

Não é qualquer lesão à saúde, razoavelmente considerando, que enseja a impugnação por esse instituto. Como exemplo de *interesse jurídico superior* a provocar o pedido de suspensão, mister é indicar hipótese de medida liminar em MS que determine a suspensão de processo licitatório realizado por hospital público visando a contratação de serviço de limpeza, ou o que envolva o fornecimento de merenda escolar (STJ-AgRg na SS 1563 / SP- 2005/0210743-4 - Relator Ministro Barros Monteiro - Corte Especial - J. em 07/06/2006 - DJ de 01.08.2006 p. 295).

Como já decidiu o C. STJ, a **grave lesão à economia** pública pode estar diretamente ligada aos danos que a decisão judicial pode causar na ordem jurídica quando, em detrimento do interesse público, privilegia o interesse particular (AGSS 546/CE; DJ: 28/06/1999 Relator(a) Min. Bueno de Souza).

Outra hipótese que sustenta o cabimento do pedido de suspensão refere-se ao risco de **lesão à segurança pública**. Tal requisito também deve ser analisado em sua conotação macro, ligada ao interesse público primário.

Destarte, apenas situações de risco diferenciado à segurança é que podem provocar o pedido de suspensão de efeitos da liminar ou da sentença mandamental, como, v.g, nos casos de suspensão de concurso público na véspera de sua realização, atingindo milhares de candidatos que se deslocaram à cidade para sua realização; a ordem de reintegração de policial afastado a bem do serviço público, ou a autorização judicial para apenas um maquinista conduzir a locomotiva de trem (AgRg na SS 1332 / DF - Rel Ministro Nilson Naves - Corte Especial - J. em 25/03/2004 - DJ de 02.08.2004 p. 272 - RSTJ vol. 196 p. 30).

Por fim, conforme entendimento reiterado do STJ, não se admite o pedido de suspensão exclusivamente no intuito de reformar a decisão impugnada, sem a demonstração do grave dano que ela poderia causar *à* saúde, segurança, economia ou ordem públicas (AgRg na SS n.º 2.723/RJ, Rel. Min. FELIX FISCHER, DJe 27/8/2014).

▸ **Importante**

Suspensão de liminar, de tutela ou de segurança

O Pedido de Suspensão é instrumento voltado a impedir o início de eficácia imediata da liminar, da sentença ou mesmo do acórdão, desde que a situação concreta se enquadre em um dos permissivos previstos no art. 15 da Lei 12.016/09, art. 4º, da Lei 8.437/92, art. 12, § 1º, da Lei 7.347/85.

Outras legislações que consagram o instituto: art. 25 da Lei 8038/90 (código de defesa do consumidor), Lei 9.494/97 (art. 1º), 9.507/97 (art. 16), Lei 8.038/90 (art. 25), bem como nos regimentos internos do STJ e STF.

Os conceitos de grave lesão à *ordem, saúde, economia e segurança públicas* podem ser reputados como indetermináveis. São situações diferenciadas que justificam a intervenção do Presidente do Tribunal para a suspensão dos efeitos da ordem judicial.

▸ **Como esse assunto foi cobrado em concurso?**

Ano: 2013 – Banca: VUNESP – Órgão: TJ-RJ – Prova: Juiz

Em mandado de segurança, concedida a segurança ao impetrante, seja por liminar ou sentença, pode-se afirmar que

a) não é possível a suspensão da execução da liminar ou da sentença pelo tribunal, na medida em que a decisão de primeira instância é plenamente válida e eficaz, não havendo previsão legal que permita a suspensão de sua eficácia.

b) é possível a suspensão da execução da liminar ou da sentença pelo tribunal, mediante provocação, para evitar grave lesão à ordem econômica, à saúde, à segurança ou à economia.

c) não é possível a suspensão da execução da liminar ou da sentença pelo tribunal, devendo-se aguardar o definitivo julgamento do recurso eventualmente interposto pela impetrada.

d) é possível a suspensão da execução da liminar ou da sentença pelo tribunal, de ofício, desde que identifique a existência de grave lesão à ordem econômica, à saúde, à segurança ou à economia.

Gabarito: B

Ano: 2017 - Banca: VUNESP - Órgão: Câmara de Cotia - SP - Prova: Procurador Legislativo

Tem legitimidade para pleitear o pedido de suspensão de segurança:

a) Pessoa jurídica de direito público da Administração direta, desde que faça parte do processo.

b) Concessionária de serviço público, defendendo direitos inerentes à concessão.

c) Qualquer cidadão, a fim de evitar grave lesão à ordem, à saúde, à segurança e à economia públicas.

d) Presidente do Tribunal de Justiça, de ofício, se o caso.

e) Agências reguladoras

Gabarito: E

Capítulo 25

Negócios processuais envolvendo o Poder Público

Negócio jurídico processual é o ato que produz ou pode produzir efeitos no processo escolhidos em função da vontade do sujeito que o pratica, podendo constituir declarações de vontade unilaterais ou plurilaterais, admitidas pelo ordenamento jurídico como capazes de constituir, modificar e extinguir situações processuais, ou alterar o procedimento. É, em outras palavras, o fato jurídico voluntário, em cujo suporte fático confere-se ao sujeito o poder de escolher a categoria ou estabelecer, dentro dos limites fixados no próprio ordenamento jurídico, certas situações jurídicas processuais.

Por meio de uma manifestação de vontade, os sujeitos buscam a **constituição, modificação ou extinção de situações processuais ou a alteração do procedimento**, desde que obedeçam aos limites para tanto fixados pelo Direito.

Há **negócios típicos** e **negócios atípicos**. Os primeiros são assim denominados porque a legislação autoriza a realização de um negócio jurídico processual específico, a exemplo da desistência do recurso (art. 998 do CPC/2015) e do calendário processual (art. 191); os negócios atípicos, que se caracterizam pela maior liberdade na definição dos termos e limites da negociação pelos sujeitos processuais, podiam ser celebrados com base no art. 158 do CPC/73 e agora têm por fundamento o art. 190 do CPC/2015.

A **indisponibilidade do interesse público** não representa a indisponibilidade da intervenção judicial no conflito de interesses que envolva a Fazenda Pública, de sorte que não há um óbice geral e abstrato que impeça a celebração de negócios processuais.

Não devem ser permitidos os negócios processuais que acarretem **prejuízos concretos ao interesse e ao patrimônio público**, como aqueles que importem renúncia aos bens e direitos pertencentes ao Poder Público, sem que haja autorização legislativa para tanto. Porém, se a negociação não acarretar qualquer restrição indevida aos bens e direitos pertencentes à Fazenda, nem violar o interesse público, deve ser admitida.

Do mesmo modo, pensa-se ser possível a celebração de negócio processual pela Fazenda a fim de fixar **calendário processual**, nos termos do art. 191 do CPC, independentemente da natureza dos direitos em litígio e da possibilidade ou não de solução consensual. Nesta linha, há dois enunciados do Fórum Nacional do Poder Público, o Enunciado n. 10, que admite a calendarização em sede de execução fiscal e embargos, e o Enunciado n. 52, que indica que o órgão de direção da Advocacia Pública pode estabelecer parâmetros para a fixação de calendário processual.

A Lei Federal nº 9.469/97 permite a celebração de diversos negócios jurídicos processuais pela União, suas autarquias, fundações e empresas públicas, todos condicionados à autorização dos dirigentes máximos dos referidos entes (autorização que pode ser levada a efeito diretamente ou por delegação). Também há inúmeros instrumentos normativos internos das Fazendas Públicas que autorizam expressamente a celebração de negócios jurídicos processuais, tais como a abstenção de contestar e de recorrer e a desistência de recursos, a exemplo das Portarias 487 e 488/2016, da Advocacia-Geral da União.

Dessa forma, os negócios jurídicos processuais somente não serão permitidos relativamente à Fazenda Pública quando houver **vedação legal** para tanto (a exemplo da concordância com o pedido de desistência formulado pelo autor, se este não renunciar ao direito), ou quando se verificar concretamente a **violação ao interesse ou ao patrimônio público** em decorrência do negócio jurídico processual.

▸ **Importante**

Negócios processuais envolvendo a Fazenda Pública

- Enunciado 256/FPPC: "A Fazenda Pública pode celebrar negócio jurídico processual".

- Enunciado 17/CJF: "A Fazenda Pública pode celebrar convenção processual, nos termos do art. 190 do CPC".
- Não devem ser admitidos os negócios processuais quando houver vedação legal ou quando acarretarem prejuízos concretos ao interesse e ao patrimônio público.
- Admite-se a fixação de calendário processual.

Capítulo 26

Autocomposição e Fazenda Pública

O estímulo à solução dos conflitos por meio da **autocomposição também abarca a Fazenda Pública**. Não é mais aceitável a tese da indisponibilidade do interesse e do patrimônio públicos para afirmar que a Fazenda não pode celebrar acordos ou que é inviável a arbitragem envolvendo o Poder Público.

A Administração Pública, submetida que é constitucionalmente aos princípios da moralidade e da boa-fé, tem o dever de se submeter ao direito da parte contrária, quando constatar que não tem razão e isso não importa em "dispor" do interesse público, porquanto este não estará presente se não houver direito em favor da Administração.

Nas relações envolvendo o Poder Público não é sempre indispensável a intervenção do Poder Judiciário, sendo perfeitamente lícito à Administração, desse modo, compor conflitos extrajudicialmente.

Uma coisa é falar na indisponibilidade do direito material; outra é a indisponibilidade da pretensão à tutela jurisdicional estatal. Para tanto, se a Administração verificar que não tem razão, pode deixar de propor a demanda judicial, cumprindo a obrigação em favor do adversário extrajudicialmente.

Mais que isso, mesmo após a instauração do processo, cabe ao Poder Público cumprir suas obrigações e, se for o caso, reconhecer a procedência dos pleitos da parte adversa e compor o litígio

Na hipótese de a composição não se limitar ao reconhecimento do pedido da parte contrária, passando a envolver a necessidade de renúncia total ou parcial ao direito material da Administração Pública, tal prática dependerá de autorização legislativa.

Partindo-se dessa premissa de que a renúncia total ou parcial aos direitos pertencentes ao Poder Público depende de autorização legal específica, a **Lei Federal nº 9.469/97** estabelece que o Advogado-Geral da União, diretamente ou mediante delegação, e os dirigentes máximos das empresas públicas federais, poderão autorizar a realização de acordos ou transações para prevenir ou terminar litígios, inclusive os judiciais, desde que observados determinados parâmetros e limites estabelecidos pela lei e pelos regulamentos editados para conferir cumprimento ao mencionado diploma legal.

A mesma lei autoriza, inclusive, a **criação de "câmaras especializadas**, compostas por servidores públicos ou empregados públicos efetivos, com o objetivo de **analisar e formular propostas de acordos ou transações"** (art. 1º, § 1º).

▸ Importante

Autocomposição e Fazenda Pública

A indisponibilidade do direito material não se confunde com a indisponibilidade da pretensão à tutela jurisdicional estatal.

Enunciado 24/CJF: "Havendo a Fazenda Pública publicizado ampla e previamente as hipóteses em que está autorizada a transigir, pode o juiz dispensar a realização da audiência de mediação e conciliação, com base no art. 334, § 4º, II, do CPC, quando o direito discutido na ação não se enquadrar em tais situações".

Capítulo 27

Arbitragem e Fazenda Pública

Sempre foi controversa a admissão da arbitragem envolvendo a Fazenda Pública. Os que se mostravam contrários apontavam três impedimentos de índole constitucional, quais fossem, o princípio da legalidade, a indisponibilidade do interesse público e o princípio da publicidade.

Ocorre que, desde maio de 2015, por meio da inserção de um parágrafo no art. 1º da Lei nº 9.307/96 por meio da **Lei nº 13.129, de 26.05.2015**, passou a ser **permitida a utilização do referido meio de resolução dos conflitos** por parte dos entes que compõem a administração pública direta e indireta, desde que os litígios sejam relativos a **direitos patrimoniais disponíveis**. A questão é saber quais são os direitos patrimoniais disponíveis da Administração Pública.

É de se admitir a arbitragem sempre que o conflito envolvendo o Poder Público possa ser resolvido diretamente entre as partes, sem necessidade de intervenção jurisdicional. Além disso, os interesses em jogo devem ser patrimoniais, isto é, quando seu objeto tem cunho econômico ou cujo inadimplemento possa ser reparado, compensado ou combatido por medidas com conteúdo econômico.

Os **bens dominicais são patrimoniais disponíveis**, porquanto são passíveis de valoração econômica e não possuem uma destinação pública. Não que sejam de livre disposição, mas são bens que **podem ser objeto de negociação por parte do Poder Público**, inclusive por meio de institutos de direito privado. A disponibilidade de parcela do patrimônio público pode ser mais vantajosa para a coletividade do que a sua preservação. Assim, os conflitos envolvendo os bens públicos dominicais podem ser solucionados por meio da arbitragem.

▸ **Importante**

Arbitragem e Fazenda Pública

Lei n. 13.129/2015 permitiu a utilização da arbitragem como meio de resolução de conflitos por parte dos entes que compõem a administração direta e indireta, desde que os litígios sejam relativos a direitos patrimoniais disponíveis.

Capítulo 28

Juizados Especiais Federais

28.1. ORIGEM

A origem dos atuais juizados especiais pode ser remetida aos antigos **juizados de pequenas causas**, regulados pela Lei n. 7.244/84, que detinham competência para processar e julgar causas de reduzido valor econômico.

Com a Constituição Federal de 1988, o art. 98, I, previu que a União e os Estados criariam juizados especiais, providos por juízes togados, ou togados e leigos, competentes para a conciliação, o julgamento e a execução de causas cíveis de menor complexidade. Com o fito de regulamentar tal mandamento constitucionais, a **Lei n. 9.099/95** veio a tratar dos **juizados especiais cíveis**.

Em razão de alteração promovida pela Emenda Constitucional n. 22/99, a Constituição passou a prever a necessidade de criação dos **juizados especiais federais**, o que veio a se dar com a **Lei n. 10.259/2001**.

Os juizados federais foram criados com o objetivo de facilitar e melhor propiciar o acesso à justiça no âmbito federal, para a propositura de ações sem ônus financeiros e com um procedimento mais concentrado e rápido, de modo a dar uma resposta mais efetiva ao cidadão jurisdicionado. Assim, para as ações contra a União, as autarquias, fundações públicas e empresas públicas federais, a partir da edição da Lei, que envolvessem valores estatuídos nos limites da lei, o proponente da ação não mais precisaria levar as demandas à Justiça Federal comum, valendo-se do procedimento simplificado dos juizados federais.

A Lei n. 10.259/2001 indica que há a **aplicação subsidiária da Lei n.º 9.099/95**. Assim, a atitude correta do intérprete, em matéria de juizados especiais federais, deve ser a seguinte: havendo omissão na Lei n.º 10.259/2001, verifica-se a possibilidade de suprir a omissão com os ditames da Lei n.º 9.099/95. Em não sendo possível, **supre-se a omissão com o CPC.**

28.2. COMPETÊNCIA

A competência dos Juizados Especiais Federais está disciplinada no art. 3° da Lei n. 10.259/2001, de modo que se dá para as **ações de valores até 60 salários mínimos.**

Nesse caso, a intenção do legislador foi a de fixar uma **competência absoluta**, limitando-a ao valor máximo de sessenta salários mínimos, e não deixando a "escolha" a critério do autor, com uma excludente fixação de competência em razão da matéria.

Ocorre que há a **exclusão de algumas matérias e ações**, que não poderão ser levadas aos juizados especiais, como ocorre com o mandado de segurança, a desapropriação, a divisão e a demarcação, as ações populares, as execuções fiscais, as de improbidade administrativa e as demandas sobre direitos ou interesses difusos, coletivos ou individuais homogêneos.

Também não é possível levar aos juizados federais ações que versem sobre bens imóveis da União, autarquias e empresas públicas federais; ações que visem à anulação ou ao cancelamento de ato administrativo federal, salvo o de natureza previdenciária e o de lançamento fiscal; e aquelas que tenham como objeto a impugnação da pena de demissão imposta a servidores públicos civis ou de sanções disciplinares aplicadas a militares.

O art. 3°, § 3°, da Lei n. 10.259/2001 prevê que a competência dos Juizados Federais é absoluta nas comarcas em que estão instalados, diferentemente do que ocorre no âmbito dos juizados especiais cíveis, em que a competência é relativa. Assim, se é absoluta, possível que se dê inclusive o reconhecimento de ofício da incompetência, não sendo dado ao jurisdicionado o direito de escolher entre levar a demanda ao Juizado ou à Justiça Federal comum. Isso implica inclusive em não se admitir a renúncia tácita de pretensões que ultrapassem 60 salários mínimos, sendo necessário a renúncia expressa.

28.3. PARTES E PROCURADORES

O legislador estatuiu um rol de sujeitos, em número taxativo, que poderão figurar como **autores ou exequentes**, quais sejam, as pessoas físicas, as microempresas e empresas de pequeno porte. Como **demandadas**, estabeleceu que podem ser a União, as autarquias, as fundações e as empresas públicas federais. Não se admite o inverso, ou seja, que o ente público demande contra o particular perante o juizado especial federal.

Quanto à **capacidade postulatória**, nos juizados especiais cíveis estaduais, a Lei n.º 9.099/95 prescreve a faculdade de se utilizar ou não o advogado para as causas de valor até 20 salários mínimos. Acima deste valor, a presença do profissional do direito é obrigatória, assim como em qualquer hipótese de interposição de recurso. Já nos juizados federais, a redação não é das mais claras, conforme se verifica do art. 10 da Lei n.º 10.259/2001. Há quem defenda o limite de 30 salários-mínimos, por analogia à Lei que rege os juizados cíveis, mas o melhor entendimento parece ser no sentido de que, como o legislador não limitou, é possível **postular sem advogado** mesmo nas demandas que ultrapassem a metade do teto dos juizados federais.

Obviamente, deve ser aplicada a limitação dos arts. 1° e 2° da Lei n. 9.099/95, que asseguram paridade de armas entre autor e réu, no sentido de que, tendo uma das partes advogado, o juiz alertará a outra sobre a conveniência de que também o tenha.

Não se pode ignorar também que, para a **interposição de recurso**, ou para o oferecimento de contrarrazões, as partes devem estar **representadas por advogado**.

28.4. CITAÇÃO, RESPOSTA E TUTELA PROVISÓRIA

O réu será citado sobre a existência da demanda, bem como intimado para o comparecimento à audiência, que pode ser somente de conciliação, ou una, com vistas à conciliação, instrução e julgamento.

Não se aplica no âmbito dos Juizados Especiais Federais o art. 183 do CPC/2015, que fala em prazo diferenciado para os entes integrantes da Fazenda Pública, contados em dobro. Tal se dá porque o art. 9° da Lei n. 10.259/2001 prevê que nos juizados não há prazos diferenciados para a prática de atos processuais pela Fazenda Pública.

A resposta haverá de se dar pela via da **contestação**, sendo possível também se arguir o impedimento ou a suspeição do magistrado. **Não há reconvenção** nos juizados, a teor do art. 31 da Lei n. 9.099/95, mas é possível, por outro lado, a apresentação de **pedido contraposto** na contestação.

A Lei n.º 9.099/95 não apresenta, em seu texto, qualquer mecanismo de antecipação da pretensão autoral. No entanto, apesar de todas as divergências existentes, o entendimento predominante é o de que é admissível o pedido e o conseguinte deferimento da tutela provisória de urgência, mesmo em sede de juizados especiais estaduais. Já na Lei 10.259/2001, há expressa previsão, no art. 4º, de que o juiz poderá, de ofício ou a requerimento das partes, deferir **medidas cautelares no curso do processo**, para evitar dano de difícil reparação. Ainda assim, é de se entender que é também possível também o deferimento da tutela antecipada contra a Fazenda Pública, nos juizados federais.

28.5. MEIOS DE IMPUGNAÇÃO ÀS DECISÕES JUDICIAIS

Pode-se dizer que, em se tratando dos juizados especiais, há dois recursos previstos na lei, que são o recurso inominado (similar à apelação) e os embargos de declaração.

Já se disse, linhas atrás, que para se recorrer, independentemente do valor da causa, é **indispensável a presença do advogado**, a fim de evitar que a parte sucumbente tenha maior prejuízo com a demanda.

Nos juizados federais, **não há a figura do reexame necessário**, conforme a previsão do art. 13 da Lei n.º 10.259/2001.

O **preparo** do recurso inominado deve ser feito nas 48 horas seguintes à interposição, sob pena de deserção. Os recursos se processam também durante as férias forenses, não existindo interrupção ou suspensão de prazo. Ressalte-se que a União, suas autarquias e fundações são isentas de preparo, por força da Lei n.º 9.028/95.

O **prazo** do recurso inominado não é de quinze, mas sim de **dez dias** contados a partir da intimação da sentença. **Não há a prerrogativa de prazo em dobro** para a Fazenda Pública recorrer.

Nos juizados, os **embargos de declaração** também têm prazo de **cinco dias**, destinados a suprir situações de omissão, obscuridade ou contradição nos julgados. Uma vez oferecidos, os **embargos interrompem** – e não mais suspendem – o **prazo para a interposição de outros recursos**.

Quanto às decisões interlocutórias, a Lei n. 9.099/95 não havia previsto qualquer recurso cabível para atacá-las. No entanto, a Lei n. 10.259/2001 dispôs de modo distinto, ao estatuir o cabimento do recurso inominado contra as medidas cautelares concedidas no curso do processo. Sendo o caso de outras decisões interlocutórias, como não há cabimento de recurso, é o caso de utilização do mandado de segurança, cujo cabimento ficará sujeito, logicamente, à demonstração do direito líquido e certo e da prova pré-constituída.

Os recursos inominados, tanto quanto os mandados de segurança, haverão de ser julgados pelas **Turmas Recursais**, compostas por três juízes federais, e não por desembargadores.

Em se tratando dos recursos excepcionais, é sabido que o **STJ** (súmula 203) **não admite a propositura de recurso especial** contra decisões proferidas por turmas recursais de juizados, ao passo em que o **STF admite o recurso extraordinário**, em face de decisões proferidas por turmas recursais de juizados.

Não se admite ação rescisória em juizados especiais. O Enunciado 44 do Fórum Nacional dos Juizados Especiais Federais consagra também esse entendimento, em respeito à vedação contida no art. 59 da Lei n. 9.099/95.

Por fim, cumpre realçar que, apesar da omissão na Lei n. 10.259/2001, **admite-se o pedido de suspensão nos juizados federais**, a teor do previsto no art. 4º da Lei n. 8.437/92, devendo o pedido ser direcionado ao Presidente da Turma Recursal, se pretende atacar liminar, tutela antecipada ou sentença proferida por Juiz de Juizado, ou dirigido ao Presidente do STF, se for contra acórdão proferido pela Turma Recursal.

28.6. EXECUÇÃO

Mesmo antes das alterações do CPC/2015, que instituiu a sistemática do cumprimento de sentença para a Fazenda Pública, a sistemática da **execução nos juizados federais** já obedecia a essa lógica, isto é, tratava-se de **fase**, e não de nova ação.

Tratando-se de obrigação de pagar quantia certa, haverá a possibilidade de oferecimento de **impugnação ao cumprimento de sentença**, em 30 dias, pela Fazenda Pública, aplicando-se o art. 535 do CPC/2015. Não havendo impugnação, expedir-se-á a **requisição de pequeno valor ou o precatório**, este último na hipótese de a condenação superar o limite de 60 salários mínimos, em razão de juros e correção monetária.

▸ **Importante**

Juizados Especiais Federais

- Ações de valores até 60 salários mínimos.
- Competência absoluta.
- Autores/exequentes: pessoas físicas, microempresas e empresas de pequeno porte.
- Demandadas: União, autarquias, fundações e empresas públicas federais.
- Não há prazo em dobro.
- Possibilidade de deferimento de medidas cautelares.
- Não há remessa necessária.
- Não há ação rescisória.

▸ **Como esse assunto foi cobrado em concurso?**

Ano: 2016 - Banca: Funrio - Procurador do Município de Itupeva/SP

No âmbito dos Juizados Especiais Federais, regulado pela Lei no. 10.259-2001, houve uma diminuição das prerrogativas conferidas à Fazenda Pública, mas houve a manutenção do seguinte instituto:

a) precatório
b) remessa necessária
c) prazos diferenciados
d) requisição de pequeno valor
e) intimação exclusivamente pessoal

Gabarito: D

Capítulo 29

Juizados Especiais da Fazenda Pública

29.1 ORIGEM

Também regulamentando o art. 98, I, da Constituição Federal, a Lei n.º 12.153/2009 tratou da criação dos Juizados Especiais da Fazenda Pública, pela União, no Distrito Federal e nos Territórios, e pelos Estados, nos Tribunais de Justiça respectivos.

A Lei n. 12.153/2009 indica que há a **aplicação subsidiária das Leis n.ºs 10.259/2001 e 9.099/95**. Assim, a atitude correta do intérprete, em matéria de juizados especiais federais, deve ser a seguinte: havendo omissão na lei 12.153/2009, verifica-se a possibilidade de suprir a omissão com os ditames da Lei n.º 10.259/2001. Não se suprindo, observa-se se a lacuna pode ser preenchida com a Lei n.º 9.099/95. Em não sendo possível, **supre-se a omissão com o CPC**.

29.2. COMPETÊNCIA

A competência dos Juizados Especiais da Fazenda Pública está disciplinada no art. 2° da Lei n. 12.153/2009, de modo que se dá para as **ações de valores até 60 salários mínimos**.

A exemplo do que já se afirmou em relação aos juizados especiais federais, a intenção do legislador foi a de fixar uma **competência absoluta**, limitando-a ao valor máximo de sessenta salários mínimos, e não deixando a "escolha" a critério do autor.

Há também a **exclusão de algumas matérias e ações**, que não poderão ser levadas aos juizados especiais, como ocorre com o mandado de segurança, a desapropriação, a divisão e a demarcação, as ações populares, as execuções fiscais, as de improbidade administrativa e as demandas sobre direitos ou interesses difusos, coletivos ou individuais homogêneos.

Não é igualmente possível levar aos juizados da Fazenda Pública ações que versem sobre bens imóveis dos Estados, do Distrito Federal, Territórios e Municípios, autarquias e fundações públicas a eles vinculadas; e aquelas que tenham como objeto a impugnação da pena de demissão imposta a servidores públicos civis ou de sanções disciplinares aplicadas a militares.

Como já realçado, o art. 2°, § 4°, da Lei n. 12.153/2009 prevê que a competência dos Juizados da Fazenda Pública é absoluta nos foros em que estão instalados. Sendo absoluta, também se afigura possível o reconhecimento de ofício da incompetência.

29.3. PARTES E PROCURADORES

Da mesma forma que se previu na Lei n.º 10.259/2001, o legislador previu na Lei n.º 12.153/2009 um rol taxativo de sujeitos que podem figurar como **autores ou exequentes**, quais sejam, as pessoas físicas, as microempresas e empresas de pequeno porte. Como **réus**, podem ser os Estados, o Distrito Federal, os Territórios e os Municípios, bem como autarquias, fundações e empresas públicas a eles vinculadas. Não há impedimento à formação de litisconsórcio passivo com terceiros, como por exemplo, um concessionário de serviço público.

No que pertine à **capacidade postulatória**, já se disse linhas atrás que nos juizados especiais cíveis estaduais, a Lei n.º 9.099/95 previu a faculdade de se utilizar ou não o advogado para as causas de valor até 20 salários mínimos. Acima deste valor, a presença do profissional do direito é obrigatória, assim como em qualquer hipótese de interposição de recurso. A exemplo do que se falou em relação aos juizados federais, o melhor entendimento é o de que, como o legislador não limitou, é possível **postular sem advogado** mesmo nas demandas que ultrapassem a metade do teto dos juizados da Fazenda Pública.

Não custa realçar que, para a **interposição de recurso**, ou para o oferecimento de contrarrazões, as partes devem estar **representadas por advogado**.

29.4. CITAÇÃO, RESPOSTA E TUTELA PROVISÓRIA

Assim como já se esposou quando da análise dos juizados federais, também nos juizados da Fazenda Pública, o réu será citado sobre a existência da demanda, bem como intimado para o comparecimento à audiência, que pode ser somente de conciliação, ou una, com vistas à conciliação, instrução e julgamento.

Por igual, **não se aplica no âmbito dos Juizados Especiais da Fazenda Pública o art. 183 do CPC/2015**, que fala em prazo diferenciado para os entes integrantes da Fazenda Pública, contados em dobro. Tal se dá porque o art. 11 da Lei n. 12.153/2009 prevê que nos juizados não há prazos diferenciados para a prática de atos processuais pela Fazenda Pública.

A resposta haverá de se dar pela via da **contestação**, sendo possível também se arguir o impedimento ou a suspeição do magistrado. **Não há reconvenção** nos juizados, a teor do art. 31 da Lei n. 9.099/95, mas é possível, por outro lado, a apresentação de **pedido contraposto** na contestação.

Quanto à possibilidade de **tutela provisória**, o art. 3º da Lei n.º 12.153/2009 é claro em afirmar que o juiz poderá, **de ofício ou a requerimento** das partes, deferir quaisquer **providências cautelares e antecipatórias** no curso do processo, para evitar dano de difícil e incerta reparação.

29.5. MEIOS DE IMPUGNAÇÃO ÀS DECISÕES JUDICIAIS

Segundo já salientado anteriormente, nos juizados especiais há dois recursos previstos na lei, que são o **recurso inominado** (similar à apelação) e os **embargos de declaração**.

Da mesma forma que não há nos juizados federais, **também não existe remessa necessária** nos juizados da Fazenda Pública, de acordo com o contido no art. 11 da Lei n.º 12.153/2009.

O **preparo** do recurso inominado deve ser feito nas 48 horas seguintes à interposição, sob pena de deserção. Os recursos se processam também durante as férias forenses, não existindo interrupção ou suspensão de prazo. Ressalte-se que a União, suas autarquias e fundações são isentas de preparo, por força da Lei n.º 9.028/95.

O **prazo do recurso inominado é de dez dias** contados a partir da intimação da sentença. **Não há a prerrogativa de prazo em dobro** para a Fazenda Pública recorrer.

Conforme já esclarecido, os **embargos de declaração também têm prazo de cinco dias**, destinados a suprir situações de omissão, obscuridade ou contradição nos julgados. Uma vez oferecidos, os **embargos interrompem** - e não mais suspendem - o **prazo para a interposição de outros recursos**.

Para atacar eventuais decisões interlocutórias concessivas de tutela provisória de urgência, o art. 4º da Lei n.º 12.153/2009 admite o cabimento do recurso inominado. Para outras decisões interlocutórias, é também o caso de utilização do mandado de segurança.

Os recursos inominados, tanto quanto os mandados de segurança, haverão de ser julgados pelas **Turmas Recursais**, compostas por três juízes federais, e não por desembargadores.

Em se tratando dos recursos excepcionais, é sabido que o **STJ** (súmula 203) **não admite a propositura de recurso especial** contra decisões proferidas por turmas recursais de juizados, ao passo em que o **STF admite o recurso extraordinário**, em face de decisões proferidas por turmas recursais de juizados.

Não se admite ação rescisória, como já salientado anteriormente em relação aos juizados federais. Em respeito ao art. 4º da Lei n.º 8.437/92, **admite-se o pedido de suspensão**.

29.6. EXECUÇÃO

A sistemática da **execução** nos juizados especiais da Fazenda Pública se dá da mesma forma que a estabelecida para os juizados federais, com o disciplinamento se dando nos **arts. 12 e 13 da Lei n.º 12.153/2009**.

Tratando-se de obrigação de pagar quantia certa, haverá a possibilidade de oferecimento de **impugnação ao cumprimento de sentença**, em 30 dias, pela Fazenda Pública, aplicando-se o art. 535 do CPC/2015. Não havendo impugnação, expedir-se-á a **requisição de pequeno valor ou o precatório**, este último na hipótese de a condenação superar o limite de 60 salários mínimos, em razão de juros e correção monetária.

▸ Importante

Juizados Especiais da Fazenda Pública

- Ações de valores até 60 salários mínimos.
- Competência absoluta.
- Autores/exequentes: pessoas físicas, microempresas e empresas de pequeno porte.
- Demandadas: Estados, Distrito Federal, Municípios, autarquias, fundações e empresas públicas.
- Não há prazo em dobro.
- Possibilidade de deferimento de medidas cautelares e antecipatórias.
- Não há remessa necessária.
- Não há ação rescisória.

▸ Como esse assunto foi cobrado em concurso?

Ano: 2016 – Banca: FCC – Consultor Legislativo – AL/MS

Sobre o Juizado Especial da Fazenda Pública, a Lei n° 12.153/2009 dispõe que

a) são processadas no âmbito do Juizado Especial da Fazenda Pública as execuções fiscais de até sessenta salários mínimos.

b) podem ser parte, no Juizado Especial da Fazenda pública, como autores, as pessoas físicas e as microempresas e empresas de pequeno porte, e, como réus, os Estados, o Distrito Federal, os Territórios e os Municípios, bem como autarquias, fundações e empresas públicas a eles vinculadas.

c) é relativa a competência do Juizado Especial da Fazenda Pública nos foros em que estiver instalado.

d) é defeso aos representantes judiciais dos réus, no Juizado Especial da Fazenda Pública, conciliar, transigir ou desistir dos processos.

e) a Fazenda Pública possui prazo diferenciado para a prática dos atos processuais no âmbito do Juizado Especial da Fazenda Pública.

Gabarito: B

Ano: 2016 - Banca: Fundatec - Procurador do Município de Porto Alegre

Em matéria de Juizados Especiais da Fazenda Pública (Lei nº 12.153/09), assinale a alternativa INCORRETA.

a) A competência em razão do Juizado Especial da Fazenda Pública é absoluta.

b) As autarquias, fundações e empresas públicas vinculadas a determinado Município podem ser partes como réus nos Juizados Especiais da Fazenda Pública.

c) Nos Juizados Especiais da Fazenda Pública, não há prazo diferenciado para a prática de qualquer ato processual pelas pessoas jurídicas de direito público, salvo a interposição de recursos e a contestação.

d) Não se incluem na competência do Juizado Especial da Fazenda Pública, as ações por improbidade administrativa, mandado de segurança, desapropriação e as demandas sobre direitos ou interesses difusos e coletivos.

e) A entidade pública ré deverá fornecer ao Juizado a documentação de que disponha para o esclarecimento da causa, apresentando-a até o momento de instalação da audiência de conciliação.

Gabarito: C

Referências

ARAÚJO, José Henrique Mouta. **Mandado de Segurança**. 6. Ed. Salvador: Ed. JusPodivm, 2017.

_____. **A repercussão geral e a competência recursal: riscos a serem ponderados.** *Revista Dialética de Direito Processual*, v. 92, São Paulo: Dialética, novembro/2010

BUENO, Cássio Scarpinella. **O poder público em juízo**. 3. Ed. São Paulo: Saraiva, 2000.

CABRAL. Antonio do Passo. **Convenções processuais**. Salvador: JusPodivm, 2006.

CUNHA, Leonardo José Carneiro da. **A Fazenda Pública em Juízo.** 13. Ed. Rio de Janeiro: Forense, 2016.

DIDIER JR., Fredie, CUNHA, Leonardo Carneiro da, BRAGA, Paula Sarno e OLIVEIRA, Rafael Alexandria de. **Curso de Direito Processual Civil: Execução**. Salvador: JusPodivm, 2017.

DIDIER JR., Fredie. **Curso de Direito Processual Civil: introdução ao direito processual civil, parte geral e processo de conhecimento**. Salvador: JusPodivm, 2015.

NEVES, Daniel Amorim Assumpção. **Manual de Direito Processual Civil**. Rio de Janeiro: Forense, 2013.

NOGUEIRA, Pedro Henrique. **Negócios jurídicos processuais**. Salvador: JusPodivm, 2016.

MARANHÃO, Clayton. **Mandado de segurança contra ato judicial. In Aspectos polêmicos e atuais dos recursos cíveis**. Vol. 5. WAMBIER, Teresa Arruda Alvim e NERY JR, Nelson (coords). São Paulo: Revista dos tribunais, 2002.

MARINONI, Luiz Guilherme., **Aproximação crítica entre as jurisdições de civil law e common law e a necessidade de respeito aos precedentes no Brasil.** Revista de Processo n. 172, São Paulo: Revista dos Tribunais, jun/2009.

MITIDIERO, Daniel. **Cortes superiores e cortes supremas - do controle à interpretação, da jurisprudência ao precedente**. São Paulo: Revista dos Tribunais, 2013.

______. **Colaboração no processo civil. Pressupostos sociais, lógicos e éticos**. 2ª edição, São Paulo: Revista dos Tribunais, 2011

RIBEIRO, Leonardo Ferres da Silva; MELLO, Rogério Licastro Torres de; CONCEIÇÃO, Maria Lúcia Lins; WAMBIER, Teresa Arruda Alvim. **Primeiros comentários ao Novo Código de Processo Civil - artigo por artigo.** São Paulo: Revista dos Tribunais, 2015.

PEIXOTO, Marco Aurélio Ventura; PEIXOTO, Renata Cortez Vieira. **Fazenda Pública e Execução**. Salvador: Ed. JusPodivm, 2017.

PEREIRA, Hélio do Valle. **Manual da Fazenda Pública em Juízo**. 2. Ed. Rio de Janeiro: Renovar, 2006.

RODRIGUES, Marco Antonio. **A Fazenda Pública no processo civil**. 2. Ed. São Paulo: Atlas, 2016.

EDITORA
JusPODIVM
www.editorajuspodivm.com.br

edelbra

Impressão e Acabamento

E-mail: edelbra@edelbra.com.br
Fone/Fax: (54) 3520-5000

IMPRESSO EM SISTEMA CTP